Microeconomics

미시경제학

홍 승 표

도서출판 탐진
www.tamjin.co.kr

머리말

『미시경제학』을 펴내면서..

2019년 말에 코로나19 바이러스가 발생하여 2020년 대부분의 세계경제는 큰 폭의 마이너스 성장을 기록하였다. 이듬해인 2021년에는 각국들이 경기침체를 막기 위해 앞 다투어 풀었던 막대한 유동성의 힘과 전년도의 마이너스 기저효과에 의해서 세계경제의 반등이 나타나게 되었고, 2022년에도 완만한 세계경제 회복은 계속되고 있다. 하지만 이 기간 중에 미 · 중간의 무역 · 기술전쟁 더 나아가 세계 패권경쟁은 심화되었고 이로 인해 기존의 글로벌 생산공급망이 원활히 작동하지 못하게 되었고, 여기에 국제유가 등 각종 원자재 가격이 급등하는 등 경기회복이 온전히 이루어지기도 전에 과도한 인플레이션이 나타나 미국과 우리나라를 포함한 대부분의 국가들은 그전과는 정반대의 금융긴축과 금리인상을 단행하고 있다. 이처럼 코로나 이후의 세계경제는 불확실성이 해소되기는커녕 오히려 확대되고 있고, 경제체제도 이전과는 전혀 다른 구조로 변환할 수밖에 없어 앞으로 세계경제의 대전환기(The Great Transformation)가 도래할 것으로 예상되고 있다.

코로나19로 인해 디지털시대로의 전환(Digital Transformation)이 가속화되고 기후위기에 따른 탄소중립의 그린전환(Green Transformation)이 현실로 나타나는 등 세계경제의 변동성과 불확실성이 확대되고 있다. 또한 우리나라에 있어 가장 중요한 두 나라인 미국과 중국 간의 대립과 갈등은 한국경제를 어려운 상황에 몰아넣고 있다. 따라서 이러한 불확실한 상황 하에서 경제학원리에 대한 이해와 이를 통한 현명한 선택과 대처가 무엇보다 중요해지고 있다. 경제현상을 정확히 파악하고 합리적 경제선택을 하기 위해서는 미시적 분석과 거시적 분석, 그리고 국제경제적 분석능력이 모두 요구된다. 그러나 경제학이란 학문이 일반인에게는 매우 어렵고 따분한 학문으로 여겨지고 있으며, 경제학의 체계도 방대하여 일반인이 접근하기란 더욱 어렵다. 또한 경제학 교과서 역시 실제 현상과 괴리되는 원론적 내용을 담고 있으며, 지나치게 수학적인 논리만을 앞세워 경제학을 더욱 어려운 과목으로 만들고 있다.

현대를 살아가는 모든 사람들은 각자의 분야에서 성공하기 위해서는 경제를 몰라서는 안 되며, 경제의 흐름을 이해하고 분석할 수 있는 능력이 있어야 한다. 경제학적인 사고방식을 통해 합리적인 선택을 하고, 미래의 경제 · 경영상황을 미리 예측해 대응하여야만 경제적 성공을 담보할 수 있다.

이번에 발간하는 『미시경제학』은 앞서 언급한 바와 같이 경제현상을 이해하기 위한 미시적 분석의 핵심적 내용들을 다루는 경제이해의 출발점이 되는 책이다. 본서에서는 경제학의 많은 내용을 전달하려 하기 보다는 일반인과 학생들이 알아야할 가장 핵심적인 내용을 가급적 말과 그림에 의해서 쉽게 설명하고자 노력하였으며 일반인들이 굳이 알 필요가 없는 내용들은 제외하였다.

한편, 한국과 중국 간의 경제교류와 확대되고 인적교류가 활발해지면서 많은 중국유학생들이 한국에서 공부하고 있다. 그러나 한국어능력이 부족한 중국유학생들은 한글로 된 경제 · 경영용어에 적응하기가 매우 어려워 전공학습에 큰 애로를 겪고 있다. 이에 필자는 본서에서 필수 경제 · 경영 전문용어를 한글, 영어, 중국어로 병용하여 중국학생들이 보다 쉽게 경영 · 경제용어를 이해하고 전공지식을 습득할 수 있도록 배려하였다.

복잡해져만 가는 현실 경제의 현상을 이해하는 데 본서가 조그마한 도움이 될 수 있기를 바란다. 끝으로 본서를 출간할 수 있도록 이해와 격려를 아끼지 않은 사랑스런 아내 지나와 보석같은 주연이, 그리고 어머님께 감사하다는 말을 전하고 싶다.

2022년 12월 靑雲을 바라보며...

홍 승 표

차 례

Part 1 경제학 입문

Chapter 01 경제학의 기초 经济学的基礎 14

1.1 희소성과 경제문제 稀缺性与经济问题 15

1.2 경제적 효율성과 기회비용 经济稀缺性与机会成本 17

(1) 경제적 효율성(经济效率性) / 17

(2) 기회비용(机会成本) / 18

1.3 생산가능곡선 生産可能曲線 21

(1) 생산가능곡선의 정의(生産可能曲線的定义) / 21

1.4 경제체제 经济体制 22

(1) 경제체제의 개념(经济体制的概念) / 22

(2) 경제체제의 종류(经济体制的种类) / 23

▶ 연습문제(练习问题) / 27

Chapter 02 경제학의 개념과 원리 经济学的概念与原理 30

2.1 경제학의 정의 经济学的定义 31

2.2 경제학의 분류 经济学的种类 32

2.3 경제학적 사고 经济学的思考 34

2.4 경제학의 10대 기본 원리 经济学的十大基本原理 35

(1) 의사결정의 4가지 기본원리(人们如何作出决策) / 35

(2) 의사결정의 상호작용의 3가지 기본원리(人们如何相互贸易) / 37

(3) 나라경제는 어떻게 작동하는가(整体经济如何运行) / 39

2.5 경제학의 발전 经济学的变迁 40

(1) 중상주의(重商主义) / 40

(2) 중농주의(重农主义) / 41

(3) 고전학파(古典学派) / 42

(4) 케임브리지학파(剑桥学派) / 43
(5) 케인즈(凯恩斯) / 43
(6) 케인즈학파(凯恩斯学派) / 44
(7) 통화학파(通货学派) / 45
(8) 새고전학파(新古典学派) / 45
▶ 연습문제(练习问题) / 49

Part 2 수요 · 공급의 이론

Chapter 03 수요 · 공급의 이론 需求供给理论 ······ 52

3.1 시장과 가격의 기능 市场经济与价格的机能 ······ 53
(1) 가격(价格)이란? / 53

3.2 수 요 需要 需求 ······ 54
(1) 수요의 개념(需求的概念) / 54
(2) 수요곡선(需求曲线) / 55
(3) 수요의 법칙(需求定理) / 57

3.3 수요의 결정요인과 수요함수 需求的决定因素与需求函数 ······ 58
(1) 수요의 결정요인 및 변화내용(需求的决定因素与变化内容) / 58
(2) 수요량의 변화와 수요의 변화(需求量变化与需求的变化) / 58
(3) 수요함수(需求函数) / 62

3.4 개별수요와 시장수요 个人需求与市场需求 ······ 63

3.5 공 급 供给 ······ 64
(1) 공급의 개념(供给概念) / 64
(2) 공급곡선(供给曲线) / 64
(3) 공급의 법칙(供给定理) / 65
(4) 공급량의 변화와 공급의 변화(供给量变化 与供给的变化) / 65
(5) 공급변화의 요인(供给变化因素) / 66
(6) 공급함수(供给函数) / 67
(7) 개별공급과 시장공급(个人供给与市场供给) / 68

3.6 시장가격의 결정 市场价格的决定 69

(1) 시장균형과 균형가격의 결정(市场均衡与均衡价格的决定) / 69
(2) 시장균형의 변동(市场均衡的变动) / 71

3.7 소비자잉여와 생산자잉여 消费者剩余与生产者剩余 73

(1) 소비자잉여(消费者剩余) / 73
(2) 생산자잉여와 순사회편익(生产者剩余与纯社会收益) / 74

▶ 연습문제(练习问题) / 77

Chapter 04 수요 · 공급의 탄력성 需求及供给弹性 81

4.1 수요의 탄력성 需求弹性 82

(1) 수요의 가격탄력성(需求价格弹性) / 82
(2) 수요의 소득탄력성(需求的收入弹性) / 87
(3) 수요의 교차탄력성(需求的交叉弹性) / 88

4.2 공급의 탄력성 供给弹性 90

(1) 정의(定义) / 90
(2) 공급탄력성의 크기(供给弹性的大小) / 91
(3) 공급의 가격탄력성이 동일한 경우(供给弹性是同一的) / 91
(4) 비선형의 공급곡선의 탄력성(非线性供给曲线的弹性) / 92
(5) 공급탄력성의 결정요인(供给弹性的决定因素) / 92

▶ 연습문제(练习问题) / 94

Chapter 05 수요 · 공급 이론의 응용 需求与供给理論的应用 100

5.1 수요의 가격탄력성 응용 需求的价格弹性及其应用 101

(1) 터널 할증료 인상은 교통난 해소에 도움이 될까?(通行税上调能不能解决交通堵塞?) / 101
(2) 가격규제(价格控制)의 허실 / 102
(3) 부동산 가격의 상승(房地产价格上涨) / 104
(4) 중국산김치에서 발견된 기생충 검출이 김치시장에 미치는 영향을 분석(中国产泡菜寄生虫事件的影响分析) / 104
(5) 전어시장에서의 전어값 폭락사태에 대한 분석(钱鱼价格跌落的影响分析) / 105
(6) 수요 · 공급의 응용문제 1(需求 · 供给的应用问题 1) / 105

(7) 수요 · 공급의 응용문제 2(需求 · 供给的应用问题 2) / 105
(8) 수요 · 공급의 응용문제 3(需求 · 供给的应用问题 3) / 106
(9) 수요 · 공급의 응용문제 4(需求 · 供给的应用问题 4) / 106
(10) 수요 · 공급의 응용문제 5(需求 · 供给的应用问题 5) / 106

▶ 연습문제(练习问题) / 108

Part 3 소비자이론

Chapter 06 **소비자선택이론** 消费者选择理论 112

6.1 효용의 개념 效用概念 113

6.2 한계효용이론 边际效用理论 113

(1) 총효용(总效用) / 113
(2) 한계효용(边际效用) / 114
(3) 한계효용과 총효용의 관계(边际效用与总效用的关系) / 114
(4) 한계효용체감의 법칙(边际效用递减定理) / 114

6.3 소비자선택의 조건 消费者选择的条件 116

6.4 무차별곡선이론 无差异曲线理论 118

(1) 무차별곡선(无差异曲线) / 119
(2) 무차별곡선의 특징(无差异曲线的特征) / 119
(3) 특수한 형태의 무차별곡선(无差异曲线的特例) / 122

6.5 가격선(혹은 예산선) 价格线(预算线) 123

(1) 가격선의 정의(价格线的定义) / 123
(2) 가격선(예산선)의 이동(价格线的移动) / 125

6.6 소비자선택의 균형 消费者选择的均衡 127

(1) 소비자균형 조건(消费者均衡条件) / 127
(2) 소비자균형의 이동(消费者均衡的移动) / 128

▶ 연습문제(练习问题) / 133

Part 4 생산자이론

Chapter 07 **생산자선택이론** 生产者选择理论 142

7.1 기업과 생산함수 企业与生产函数 143

(1) 기업과 생산(企业与生产) / 143
(2) 생산함수(生产函数) / 144
(3) 단기와 장기(短期与长期) / 145
(4) 단기생산함수(短期生产函数) / 145
(5) 한계생산물과 평균생산물의 관계(边际产量与平均产量的关系) / 146
(6) 장기생산함수(长期生产函数) / 147
(7) 특수한 형태의 등량곡선(等量曲线的特例) / 149
(8) 규모에 대한 보수(规模经济) / 150
(9) 콥-더글라스 생산함수(科布-道格拉斯生产函数) / 152

7.2 생산자균형 生产者均衡 154

(1) 등비용곡선(等成本曲线) / 154
(2) 생산자균형 조건(비용최소화의 조건)(生产者均衡条件(成本最少化条件)) / 157

▶ 연습문제(练习问题) / 158

Chapter 08 **비용이론** 成本理論 162

8.1 비용의 개념 成本的概念 163

8.2 단기비용함수와 단기비용곡선 短期成本函数与短期成本曲线 163

(1) 단기의 개념(短期的概念) / 163
(2) 총비용(总成本) / 163
(3) 총비용함수(总成本函数) / 164
(4) 평균비용(平均成本) / 165
(5) 평균비용과 평균생산물의 관계(平均成本与平均产量的关系) / 166
(6) 한계비용(边际成本) / 167
(7) 한계비용과 한계생산물과의 관계(边际成本与边际产量的关系) / 167
(8) 비용곡선들간의 관계(成本曲线之间的关系) / 168

8.3 장기비용함수 长期成本函数 169

(1) 장기비용함수(长期成本函数) / 169

(2) 장기비용곡선과 단기비용곡선(长期成本函数与短期成本曲线) / 170
(3) 장기비용과 규모에 대한 보수(长期成本与规模经济) / 171
(4) 범위의 경제(范围经济) / 172
▶ 연습문제(练习问题) / 173

Part 5 시장이론

Chapter 09 상품시장의 형태 商品市场的类型 178
9.1 상품시장의 형태 商品市场的类型 179
9.2 기업의 이윤과 수입 企业的利润与收入 181
9.3 이윤극대화 생산량의 도출 利润最大化的产量得出 181
9.4 기업의 다른 목표들 企业的其他目标 183
▶ 연습문제(练习问题) / 184

Chapter 10 완전경쟁시장 完全竞争市场 185
10.1 완전경쟁시장 完全竞争市场 186
(1) 완전경쟁시장의 조건(完全竞争市场条件) / 186
(2) 완전경쟁시장의 특징(完全竞争市场特征) / 186
(3) 완전경쟁기업의 특성(完全竞争企业特性) / 187
10.2 완전경쟁기업의 단기균형 完全竞争企业的短期均衡 188
(1) 완전경쟁기업의 단기비용곡선(完全竞争企业的短期费用曲线) / 188
(2) 완전경쟁기업의 단기균형(完全竞争企业的短期均衡) / 189
(3) 손익분기점과 조업중단점(损益分岐点与歇业点) / 189
(4) 완전경쟁기업의 단기공급곡선(完全竞争企业的短期供给曲线) / 191
(5) 완전경쟁산업(시장)의 단기공급곡선(完全竞争产业(市场)的短期供给曲线) / 191
10.3 장기에서의 완전경쟁기업과 산업의 균형 및 공급곡선 长期完全竞争企业和产业的均衡及供给曲线 191
(1) 완전경쟁기업의 장기균형(完全竞争企业的长期均衡) / 191
10.4 완전경쟁시장의 의미 完全竞争市场的含义 193
▶ 연습문제(练习问题) / 195

Chapter 11 독점시장 垄断市场 198
11.1 불완전경쟁의 발생 원인 不完全竞争产生的原因 199
(1) 규모의 경제(规模经济) / 199
(2) 정부의 정책(政府政策) / 199
(3) 기업의 경쟁전략(企业竞争战略) / 199
(4) 정보의 부족(情报不足) / 199
(5) 시장의 협소(市场狭小) / 200
11.2 독점기업의 특징 垄断企业的特征 200
11.3 독점시장의 단기균형 垄断企业的短期均衡 201
(1) 특징(特征) / 201
(2) 독점기업의 단기균형조건(垄断企业的短期均衡条件) / 201
11.4 독점기업의 단기공급곡선 垄断企业的短期供给曲线 202
11.5 독점기업의 장기균형 垄断企业的长期均衡 202
(1) 장기에서의 독점기업의 비용 및 수입곡선(长期垄断企业的费用及收入曲线) / 202
(2) 장기균형(长期均衡) / 203
11.6 독점의 효과 垄断效果 204
(1) 부정적 효과(负面影响) / 204
(2) 긍정적 효과(正面影响) / 205
11.7 독점의 규제 垄断管制 205
(1) 최고가격제(上限价格制) / 205
(2) 세금의 부과(税收) / 206
▶ 연습문제(练习问题) / 208

Chapter 12 독점적 경쟁시장 垄断竞争市场 210
12.1 독점적 경쟁시장 垄断竞争市场 211
(1) 독점적 경쟁시장의 특성(垄断竞争市场的特征) / 211
12.2 독점적 경쟁시장의 단기균형 垄断竞争市场的短期均衡 212
12.3 독점적 경쟁기업의 장기균형 垄断竞争企业的长期均衡 213
12.4 독점적 경쟁의 효과 垄断竞争的效果 214
▶ 연습문제(练习问题) / 216

Chapter 13 **과점시장** 寡头市场 217

13.1 과점시장의 특징 寡头市场的特征 218

13.2 굴절수요곡선이론 实点需求曲线理论 219

13.3 꾸르노모형 库尔诺模型 220

13.4 베르뜨랑모형 伯特兰模型 221

13.5 카르텔 모형 卡特尔模型 222

13.6 과점시장에서의 가격이론 寡头市场的价格理论 223

(1) 가격선도제(价格先导制) / 224

(2) 관리가격(管理价格) / 224

(3) 풀 코스트원리(完全成本原理) / 224

(4) 진입저지가격(阻止进口价格) / 224

13.7 과점의 장점과 단점 寡头的优点与缺点 225

▶ 연습문제(练习问题) / 226

◈ 찾아보기 / 228

Part 1

경제학 입문
经济学入門

Chapter 01. 경제학의 기초
经济学的基礎

Chapter 02. 경제학의 개념과 원리
经济学的概念与原理

Chapter 01 경제학의 기초

经济学的基礎

- 희소성과 경제문제 (稀缺性与经济问题)
- 효율성 (efficiency, 效率性)
- 생산가능곡선 (production possibility curve, 生產可能曲線)
- 기회비용 (opportunity cost, 机会成本)
- 자본주의와 사회주의 (资本主义与社会主义)

Summary

① 경제문제(经济问题)가 발생하는 이유
② 자원(资源)의 희소성(稀缺性) → 불가피한 경제적 선택(经济的 选择)을 해야 함 → 선택에 따른 기회비용(机会成本) 발생
③ 효율적(效率的)인 자원배분(資源分配)의 조합 → 생산가능곡선(生产可能性边界)
④ 기회비용체증법칙(机会成本递减法则) → 생산가능곡선의 형태(원점에 대해 볼록한 형태)

1.1 희소성과 경제문제
稀缺性与经济问题

사람이 살아가는데 필요한 의 · 식 · 주 및 교통, 문화, 여가활동 등 다양한 수단이 필요하고 사람의 무한한 욕망을 충족시키기 위해 많은 종류의 재화(goods, 物品)와 용역(service, 劳务)이 있어야 한다. 그러나 사람들의 목적인 욕망추구 정도에 비해 이를 달성시켜줄 수단인 각종 자원은 한정되어 있다. 이를 자원의 희소성(scarcity, 稀缺性)이라 한다.

❖ 재화(物品)

욕망을 충족하고 만족감을 얻는 데 필요한 것

❖ 재화의 종류(物品种类)

① 자유재(free goods, 免费物品)
- 대가없이 얻는 재화(공기, 물 등)임
- 희소해지면 경제재로 전환됨

② 경제재(economic goods, 经济物品)
- 희소하므로 얻기 위해 대가를 치러야하는 재화이며 경제학의 분석대상이 됨

❖ 서비스 또는 용역(劳务)

- 의사의 진료행위, 변호사의 변호, 음악가의 연주 등 물질은 아니지만 사람에게 쓸모 있는 행위를 말함
- 대부분의 서비스는 대가를 지불해야 함으로 경제재임

표 1 1 재화의 종류(경제객체)

상 품	자유재		햇빛, 공기, 물, 바람 등
	경제재	생산재	원료, 재료 등
		소비재	식품, 가구, 의료 등
서 비 스			교육, 의료, 운송 등

읽을거리 : 맑은 공기는 경제재?

공기도 경제재*일까요? 그동안 무한하다고 생각했던 공기조차도, 적어도 맑은 공기라는 차원에서는 더 이상 공짜로 사용할 수 없게 되고 있습니다. 요즘 지방자치단체에서 주도적으로 동네 주변의 하천을 잘 개발하고 있지요. 경관으로서뿐 아니라 환경보전을 통해 좋은 수질과 맑은 공기를 보존하기 위해서입니다. 개별 주민의 입장에서 보면 공짜로 맑은 공기를 향유할 수 있는 것처럼 보이지만, 결국은 주민세 등으로 개발재원이 조달된다는 점에서 절대 공짜가 아닙니다.

아래는 ㅇㅇ산소 판매 광고입니다.

"ㅇㅇ(마시는 산소)는 산소의 효과적인 섭취를 위하여 식전 30분이나 식후 90분 후 공복 시에 드시기 바랍니다. 하루에 세 번 드시되, 한번 드실 때마다 15 방울을 종이컵 한 컵 분량(150㎖)에 타서 음용하시기 바랍니다. 한 병(60㎖)을 구입하시면 하루 세 번 드시는 것을 기준으로 한 달간 드실 수 있습니다."

* 돈이나 노력을 지불해야 얻을 수 있는 유형의 물건을 말하며 자유재의 반대개념

〈출처: 한국은행〉

희소성은 유한한 자원을 어떻게 유효적절하게 사용할 것인가 하는 선택의 문제를 야기한다.

❖ **희소성의 법칙**(law of scarcity, 稀缺性的法则)
사회구성원들의 욕망에 비해 그 욕망을 충족시켜 줄 수단인 자원이 상대적으로 부족한 현상을 말함

자원의 희소성으로 사람들은 경제활동을 영위할 때 경제문제에 직면하게 된다. 한정된 자원을 가지고 "무엇(what)을 만들 것인가, 그 재화를 어떻게(how) 만들 것인가, 누구를 위하여(for whom) 만들 것인가"하는 선택의 문제가 발생한다.

❖ **경제문제**(P.A. Samuelson**의 정의,** 经济问题)
① 무엇을 얼마나 생산할 것인가 : 한 사회가 생산해야 할 생산물의 종류와 수량의 선택에 관한 문제 ② 어떻게 생산할 것인가 : 생산조직과 생산기술의 선택에 관한 문제 ③ 누구를 위하여 생산할 것인가 : 생산물의 분배에 관한 문제

1.2 경제적 효율성과 기회비용
经济稀缺性与机会成本

(1) 경제적 효율성(经济效率性)

희소성 때문에 경제문제가 발생했으므로 욕망을 달성하기 위해 자원을 사용하더라도 가급적 자원을 낭비하지 않고 효율적으로 사용해야 한다.(선택의 문제) 또 자원의 이용을 위해서는 주어진 자원으로부터 최대의 만족을 얻도록 하든가 아니면 일정한 만족을 얻는데 최소한의 자원을 사용해야 한다(경제할려는 의지 : will to economize). 이를 경제원칙(economic principle, 经济原则) 또는 경제적 효율성(economic efficiency, 经济效率)이라 한다.

희소성에 의해 발생하는 경제문제를 해결하기 위해서는 합리적 선택을 해야 한다. 이때 합리적 선택의 기준으로 중요한 것이 최대효과와 비용최소화와 같은 경제원칙에 입각한 효율성이다. 경제학의 본질은 선택의 문제이며 즉 합리적 선택(合理的选择)을 하는 데 필요한 논리적인 사고의 틀을 제시해준다.

그림 1 1 희소성과 경제적 효율성

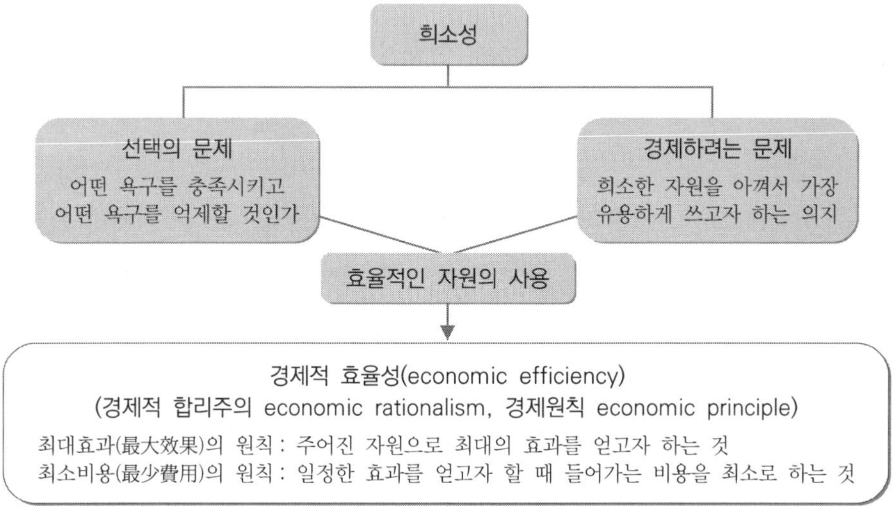

(2) 기회비용(机会成本)

경제학에서는 개인이나 기업 등 모든 경제주체가 합리적이라는 기본가정을 전제로 하고 있다. 경제학에서 분석대상으로 설정하는 '경제인'(homo economicus, 经济人)이란 합리성의 바탕위에서 선택을 하는 인간을 의미한다.

합리적 선택을 하기 위해서는 어떤 행위와 관련된 비용을 정확하게 파악해야 한다. 경제학에서 다루는 비용개념은 경영학에서 다루는 회계비용(accounting cost, 会计成本)과 다르다. 경제학에서는 실제로 지불된 비용뿐만 아니라 지불되지는 않았지만 "그 활동을 함으로써 포기해야만 하는 차선의 대안활동의 가치"까지를 비용에 포함시켜 분석하는데 이를 경제학에서는 "기회비용"(opportunity cost, 机会成本)이라 한다.

❖ 선택의 문제와 기회비용(选择问题与机会成本)

- 사람들은 부족한 자원을 최선을 다해 사용하기 위해 선택의 문제에 직면
- 기회비용이란 어떤 것을 선택하는 경우에 그로인해 포기되는 모든 비용을 합한 것을 의미한다. 이때 이 비용에는 그 선택으로 인해 발생되는 직접적인 비용 즉 명시적 또는 회계적 비용뿐 아니라 그 선택에 따른 암묵적 비용까지도 포함돼야 된다.
- 여러 선택 중에서 기회비용이 가장 큰 것을 선택하는 것이 합리적 선택이 된다.

비용이 같을 경우에는 편익이 가장 큰 것을 선택하고, 반대로 편익이 같은 경우라면 비용이 가장 적은 것을 선택한다. 즉 주어진 예산제약 범위 내에서 만족을 최대화하는 선택이 합리적 선택이 된다.

어떤 선택의 기회비용이 크다면 그 선택은 큰 대가를 치러야 하므로 선택이 어려워진다. 가령 고등학교를 졸업하는 유망 야구선수와 평범한 학생이 대학을 선택할 때 유망 야구선수의 기회비용은 프로로 입단 시 받을 수 있는 수억 원이 되지만 평범한 학생의 기회비용은 편의점 등에서 벌 수 있는 수십만 원에 지나지 않게 된다. 여기에 이 두 학생이 장학금을 받지 못한다면 대학등록금이 포함돼야 한다. 따라서 유망 고교선수가 대학에 진학하지 않고 프로야구에 바로 입단하는 것은 합리적인 경제선택이라 할 수 있다. 유사한 예로 빌게이츠가 하버드대학을 중퇴하고 마이크로소프트를 창업하여 세계최고의 부자가 된 것은 그의 합리적 선택이 가져온 결과라 할 수 있다.

읽을거리 : 기회비용의 사례

희소성 때문에 모든 사람들은 선택을 하며 살고 있습니다. 모든 선택에는 기회비용이 발생합니다. 따라서 경제현상을 분석할 때 비용은 기회비용 개념으로 계산하는 것이 올바릅니다. 기회비용은 보통 회계장부에 기록하는 명시적 비용은 물론 암묵적 비용을 모두 포함합니다. 기회비용은 일반인들이 생각하는 정도 이상으로 큰 경우가 많습니다. 대학교육의 기회비용을 생각해볼까요? 우선 등록금, 책값, 하숙비, 잡비 등의 명시적인 비용이 있습니다. 그러나 대학교육의 기회비용은 이것이 전부가 아닙니다. 여기에 대학을 다니지 않았을 경우 취직해서 벌 수 있는 돈을 포함시켜야 합니다.

이번에는 공장 운영을 위해 자신 소유의 건물을 사용하는 경우를 생각해봅시다. 이 경우 자신의 건물에 대해 임대료를 직접 내는 것은 아니지만 남에게 빌려주면 받을 수 있는 임대료를 공장 운영을 위해 포기한 셈이므로 실질적으로는 비용이 발생한 것으로 보아야 합니다. 따라서 포기한 임대료를 기회비용에 포함시켜야 합니다.

〈출처: 한국은행〉

다른 예를 하나 더 들어보도록 하자. 가령 호텔 요리사인 A씨가 직장을 그만두고 그동안 저축한 1억원을 투자해 음식점을 개업한다고 가정해보자. A씨가 연말에 회계장부를 정리해서 결산해보니 총수입에서 비용(경영학에서의 회계비용)을 제외하고 5,000만원의 이익을 얻었다고 할 때 과연 A씨의 음식점개업은 올바른 선택이라 할 수 있을까?

이를 판단하기 위해서는 A씨의 음식점개업에 대한 기회비용을 정확히 계산해봐야 한다. 만약 A씨가 연봉이 4,000만원이고 이자율이 10%라면 음식점개업에 따른 그의 기회비용은 회계장부상에는 나타나지 않는 자신의 인건비 4,000만원과 자기투자자금 1억에 대한 이자수익 1,000만원을 합해서 5,000만원이 된나. 따라서 식상을 다니는 것이나 힘들게 음식점을 경영하느라 더 많은 시간과 노력, 자금을 투자한 결과가 같으므로 올바른 선택이라 하기 어렵다. 더

욱이 만일 이자율이 상승해 20%가 된다면 기회비용은 6,000만원으로 늘어나 명백한 잘못된 선택이 될 것이다. 반면 이자율이 하락해 5%가 된다면 기회비용은 4,500만원이 되어 음식점 개업으로 인해 실질적인 이익(500만원)이 발생하게 된다.

표 1 2 기회비용의 예(음식점 개업시 영업이익 = 5,000만원인 경우)

4,000만원 + 1억 × 5% = 4,500만원	4,000만원 + 1억 × 10% = 5,000만원	4,000만원 + 1억 × 20% = 6,000만원
이익 > 기회비용 ⇒ 합리적 선택	이익 = 기회비용	이익 < 기회비용 ⇒ 비합리적 선택

그림 1 2 기회비용, 회계상 이윤과 경제적 이윤

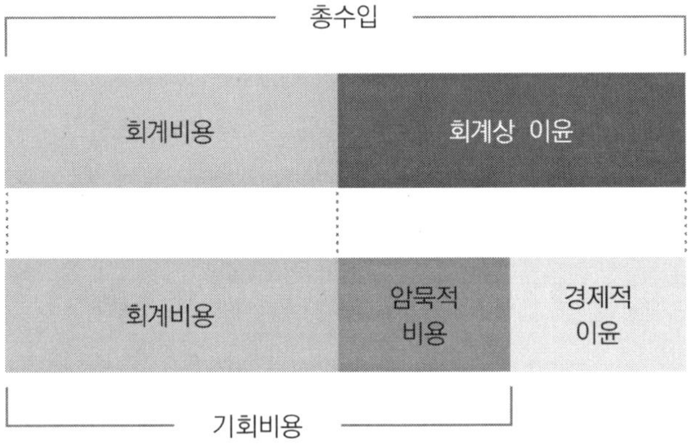

한편 매몰비용(sunk cost, *沉没成本*)이란 개념도 합리적 선택을 하는 데 있어서 중요한 역할을 한다. 매몰비용이란 이미 지출되었고 회수 불가능한 비용을 가리킨다. 이 같은 비용은 어차피 회수할 수 없는 비용이므로 비용개념에서 제외되어야 하나 일반적으로 소위 말하는 본전심리 때문에 비용에 포함시켜 합리적 의사결정에 실패하는 경우를 자주 보게 된다.

가령 예를 들어서 내가 큰 마음먹고서 10만원이나 하는 음악회 입장권을 사서 극장에 들어왔다고 하자. 일단 극장에 들어온 이상 이 비용은 회수할 수 없는 비용 즉 매몰비용이다. 그런데 연주가 영 시원치 않아서 내게 주는 만족의 가치(편익)가 5만원에 불과하다면 합리적인 소비자라면 그 자리를 박차고 나가야 하지만 많은 경우엔 이미 들인 돈이 아까워 졸면서도 끝까지 연주를 듣게 된다. 매몰비용의 다른 예로는 적자를 보면서도 공장이나 식당을 운영하는 경우를 종종 보게 되는데, 소위 "밑지면서 장사하는 경우"를 경제학적으로 어떻게 설명할 수 있

을까? 적자라고 해서 공장이나 식당 문을 닫는다 하더라도 임대료나 관리비와 같은 비용은 계속 나갈 수밖에 없는 회수할 수 없는 비용(매몰비용)이다. 따라서 공장이나 가게를 운영해서 하루 매상이 운영비용(가변비용이라 함)을 넘어서기만 하면 영업을 계속하는 것이 아예 장사를 안하는 것보다 낫다. 그렇게 해야 적자를 다소나마 줄일 수 있을 테니까 말이다.

1.3 생산가능곡선
生産可能曲線

(1) 생산가능곡선의 정의(生産可能曲線的定义)

경제적 효율성이 충족되는 자원배분을 효율적인 자원배분이라 하고 이러한 효율적인 자원배분을 그림으로 나타낸 것이 생산가능곡선(production possibility curve, 生産可能曲線)이다. 생산가능곡선이란 한 사회의 자원과 기술이 주어져 있을 때 그 사회가 모든 자원을 효율적으로 사용하여 생산할 수 있는 생산물의 여러 가지 조합을 의미한다.

예를 들어 어떤 국가에서 이용가능한 모든 자원인 노동, 토지, 자본 등을 써서 빵과 대포의 두 가지 재화를 생산한다고 가정하자. 이때 주어진 자원을 사용해 생산할 수 있는 빵과 대포의 생산량 조합은 다음의 표와 같다.

표 1 3 생산가능조합

가능성	A1	A2	A3	A4	A5	A6
대포(문)	0	1	2	3	4	5
빵(개)	16	15	13	10	6	1
기회비용체증		1	2	3	4	5

생산가능곡선상의 A1, A2, A3, A4 …와 같은 점들은 기술적으로 주어진 자원을 최대한 사용한 결과 나타난 것이므로 기술적 효율성을 만족하는 점들이다. <그림 1-3>에서 대포 1개의 생산을 증가시킬 때 포기되는 빵의 양이 증가된다. 이는 어떤 한 재화의 생산이 증가할수록

그 기회비용이 점점 증가하는 현상을 가리키며 그 이유는 어떤 재화를 과도하게 생산하게 될 때 그 재화의 생산에 적합하지 않은 자원까지도 과도하게 사용하게 되기 때문이다. 이를 경제학에서는 기회비용체증의 법칙이라 한다.

그림 1 3 생산가능곡선

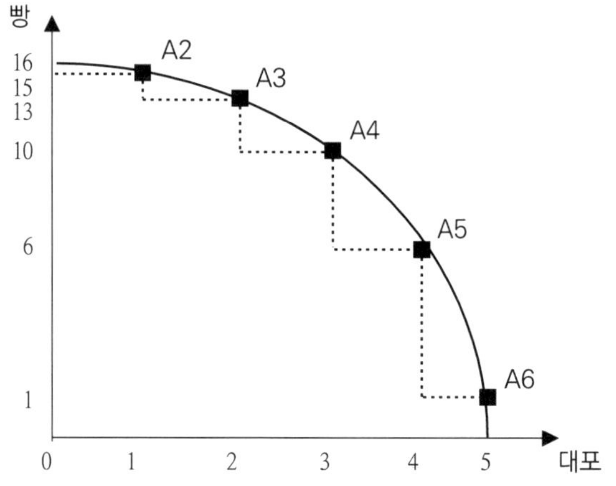

기회비용이란 어떤 활동을 함으로써 포기해야 하는 다른 활동의 가치로 정의로 정의되었다. 생산가능곡선의 모양이 그림에서처럼 원점에 대해 오목한 것은 한 재화의 생산이 증가될수록 그 재화의 생산에 따른 기회비용이 증가함을 의미한다. 생산가능곡선의 특수한 형태로 만일 기회비용이 일정하다면 생산가능곡선이 직선형태를 띄게 될 것이고, 기회비용이 체감하는 경우라면 원점에 대해 볼록한 형태를 취할 것이다.

1.4 경제체제
经济体制

(1) 경제체제의 개념(经济体制的概念)

국민경제 내에 존재하는 여러 가지 자원을 배분해야 하는데 이 배분을 위한 체계적인 장치가 경제체제이다. 즉 한정된 자원을 가지고 무엇을 얼마나, 어떻게, 누구를 위하여 생산할 것인가 하는 기본적인 경제문제를 해결하는 사회의 제도적 양식을 의미한다.

(2) 경제체제의 종류(经济体制的种类)

경제체제는 크게 나누어 자본주의의 시장경제체제, 사회주의의 계획경제체제로 구분될 수 있다. 자본주의경제체제는 18세기 산업혁명 이후 영국, 독일, 프랑스 등 유럽각국과 신대륙인 미국에서 공업화가 진행되면서 농업중심사회에서 공업중심사회로 변화하면서 자본주의 시장경제체제(capitalist market economy, 市场经济体制)가 확립되었다. 시장경제는 개인의 이익추구에 의한 의사결정과 사유재산 제도를 근간으로 한다.

그러나 산업화과정에서 빚어진 부작용 발생하였고 기계화에 따른 실업자 발생, 빈부격차의 증대, 도시생활 환경의 악화 등으로 자본주의의 모순이 심화되자 이에 대한 반발로서 산업화에 따른 사회문제가 자본주의 자체의 결함이라는 사회주의 사상(K. Marx)이 출현하였다. 1917년에 러시아에서 사회주의혁명이 성공하고 2차 세계대전 이후 중국, 쿠바, 북한 등이 사회주의화하여 세계는 자본주의와 사회주의가 대립되는 양상을 보였다.

자본주의(capitalism, 资本主义)는 사유재산제도와 경제적 자유를 토대로 각 경제주체가 자기책임하에서 개인적인 이익을 추구하며 시장에서 결정되는 가격을 신호로 삼아 생산, 소비, 분배를 이루어가는 경제체제를 말한다. 사회주의란 생산수단을 개인이 소유하지 않고 국가나 공공단체가 소유하고, 생산, 소비, 분배가 계획당국의 계획에 의해 이루어지는 경제체제를 의미한다.

따라서 자본주의에서는 의사결정이 각 개인에게 달려있고, 이익과 손해를 따져 경제행위를 하므로 경제적 창의성과 효율성이 추구되기 용이하다. 한편 사회주의에서는 생산수단의 국유화에 따른 소득분배의 불평등 문제는 해소되어 상대적으로 평등이 추구되기는 하나 의사결정이 일부 관료집단에게 집중되어 있고 이들의 의사결정이 경직되기 쉬워 효율성이 저해되기 쉽다. 따라서 두 경제체제 모두 장단점을 갖고 있다고 할 수 있다. 그러나 대체적으로 자본주의의 경제운용방식이 경제문제를 해결하는 데 보다 효율적인 것으로 평가된다. 정부의 개입을 최소화하고 아담스미스의 '보이지 않는 손' 즉 가격기구(price mechanism, 价格机制)에 맡겨 생산, 소비, 분배를 하는 것이 경제를 효율적으로 운영하는 좋은 방식이라는 것이다.

읽을거리 : 아담 스미스의 '보이지 않는 손'

우리가 저녁식사를 할 수 있는 것은 정육점 주인이나 양조장 주인 또는 농부의 자비심 때문이 아니라 그들이 자신들의 이익을 추구하기 때문이다.

개인이나 기업은 일반적으로 사회의 이익을 증진시키려고 하지도 않거니와 자기가 얼마나 사회의 이익을 증진시키고 있는가도 알지 못한다. 다만 스스로의 안녕이나 이익을 위하여 행동할 뿐이다. 이렇게 하는 가운데 '보이지 않는 손'의 인도를 받아 자신이 의도하지 않았던 다른 목적도 달성하게 된다. 즉 사리(私利)를 추구하는 가운데 공익(公益)도 저절로 증진된다. 이것이 의도적으로 공익을 증진시키려고 하는 경우보다 오히려 공익을 더 효과적으로 증진시킨다. 전체 사회의 복리가 아닌 자기 자신의 이익에 대한 추구는 자연적으로, 아니 필연적으로 사람들로 하여금 사회에 가장 이익이 되는 방식을 취하도록 이끈다.

〈자료 : 박원규 외 공역, '테일러 경제학'〉

❖ 가격기구(price mechanism, 价格机制)

수요가 공급을 초과하면 가격상승으로 수요가 감소하고 공급이 증가하며, 반대의 경우는 가격이 하락하여 수요와 공급의 균형을 달성함으로써 경제 안의 생산 소비 분배가 조정되는 체계

표 1 4 경제체제의 비교

비교기준	자본주의	사회주의
생산수단소유	사 유	국공유
조정기구	시 장	계 획
의사결정방식	개별경제주체	중앙계획당국
동 기	개인적 이익추구	공동목표추구

오늘날에 많은 국가들은 자본주의경제와 사회주의경제의 요소가 혼재되어 있는 혼합경제체제를 채택하고 있다. 1930년대 대공황 이래로 자본주의국가들은 자본주의를 근간으로 정부가 부분적으로 경제에 간여하는 혼합경제체제를 택하고 있으며, 1989년 구소련의 붕괴 이후 러시아, 동구유럽, 중국, 베트남 등 사회주의 국가들도 사회주의를 근간으로 부분적인 사유재산제도와 경제적 자유를 허용하는 혼합경제체제로의 전환을 시도하고 있다.

신문기사로 본 생활경제 〈자료: 서울경제, 2020년 9월 24일〉

홀로 선 자본주의

불평등 분야의 권위 있는 학자인 블랑코 밀라노비치는 저서 '홀로 선 자본주의(Capitalism Alone)'를 통해 오늘날 세계 경제의 두 축이라 할 수 있는 미국과 중국을 중심으로 오늘날 자본주의의 문제점을 진단한다. 미국의 '자유 성과주의적 자본주의'든, 중국의 '국가 자본주의'든 불평등을 심화시키는 근원적 문제점을 내재하고 있다고 지적한다.

설득력을 얻기 위해 저자는 미국과 유럽 최신 자료는 물론 중국 내부 자료도 활용했다. 1980년대부터 현재까지의 도시 · 농촌별 지니계수와 공산당원과 비당원의 행정구역별 수입 차이까지 포함하는 방대한 자료를 면밀하게 분석해 내놓은 책이다.

밀라노비치는 먼저 서구 자본주의의 유형을 크게 3가지로 나눈다. 1914년 이전 영국을 대표로 하는 '고전적 자본주의', 제2차 세계대전 이후 미국과 서유럽의 '사회 민주주의적 자본주의', 21세기 초 현재 미국의 '자유 성과주의적 자본주의'다. 이들은 자본주의라는 큰 틀 안에 함께 자리하지만 서로 다른 특징을 지닌다. 특히 자본 소득과 노동 소득, 결혼으로 인한 부의 변동, 부의 대물림에서 차이가 드러난다. 예를 들어 고전적 자본주의나 사회민주주의적 자본주의는 자본소득 부자와 노동소득 부자가 달랐지만 현재 자유 성과주의적 자본주의에서는 자본과 노동 소득을 동시에 올리는 부자들의 비중이 점점 높아지고 있다.

또 같은 계층 내에서 결혼이 이뤄지면서 부는 점차 집중되고, 부의 상속도 더욱 강화됐다. 자본 · 노동 소득을 동시에 거머쥔 부자 엘리트들은 자신의 자녀와 정치적 통제에 많은 투자를 한다. 자녀에 대한 투자는 고급 교육, 정치적 통제는 유리한 조세 제도 등이 대표적이다. 이는 부의 불평등을 심화시킨다.

그렇다고 중국의 '국가 자본주의'가 이러한 문제를 해결하는 것은 아니다. 중국은 덩샤오핑의 개혁 · 개방 노선 도입 이후 경제가 폭발적으로 성장했고, 인민의 생활수준 도 괄목할 만큼 향상했지만 곳곳에서 불평등이 폭발하고 있다. 지니계수 기준으로 미국의 가처분소득 불평등 수준이 1980년대 중반에서 2013년 사이 4지니포인트 증가하는 동안 중국에서는 거의 20지니포인트나 증가했다. 효율적 관료주의와 국가의 자율성을 앞세우지만 만연한 부패는 부당한 고소득을 창출하며, 불평등을 심화시킨다. 밀라노비치는 국가 자본주의가 생존력을 가지려면 정치와 경제가 명확히 분리되고 국가는 부패 없이 중추 역할을 해야 하지만 이는 쉽지 않을 것이라고 전망한다.

그렇다면 자본주의가 폐기되고 완전히 다른 대안 체제가 도입될 수 있을까? 밀라노비치는 이에 동의하지 않는다. 자본주의에 내재하는 경쟁적이고 소유 본능적인 의식구조를 폐기하면 오히려 소득 감소, 빈곤 증가, 기술 진보의 감속 또는 퇴보가 있을 것이라고 예상한다.

밀라노비치는 대안으로서 대중적 자본주의와 평등주의적 자본주의를 제안한다. 이런 체제에서는 모두가 거의 동일한 비율로 자본 소득과 노동 소득을 갖는다. 소득 분배의 불평등을 완화하기 위한 방법은 첫째, 중산층에 대한 세제 혜택이다. 대신 상속세를 높이는 등 부자들에 대한 세금은 증액한다. 둘째, 공교육 질의 제고다. 이를 통해 세대에 걸친 세습의 이점을 줄이고 기회 평등을 보다 현실화하는 것이다. 셋째는 이주 제한 완화, 넷째는 정치 자금 제한을 통해 부자의 정치 과정 지배능력을 축소하는 것이다.

밀라노비치는 궁극적으로 자본주의가 어떤 모습으로 진화할지 예단하지는 않는다. 다만 미국식 자유 성과주의적 자본주의든, 중국식 국가 자본주의든 부를 쥔 엘리트 집단이 자신들의 이익 유지 및 보존을 위해 정치 분야를 통제하지 못하게 해야 한다고 그는 강조한다.

Chapter 01 연습문제(练习问题)

1. 경제원칙이란?

① 최대다수의 최대행복을 만족시키는 것을 말한다.
② 국민경제의 균형 있는 발전을 도모함을 말한다.
③ 경제성장의 극대화를 달성함을 말한다.
④ 최소비용으로 최대이윤을 얻으려는 것이다.
⑤ 비용과 노동을 최소로 하려는 것이다.

경제원칙의 정의에 대한 가장 보편적인 설명방법에 따르면 경제원칙이란 '최소비용으로 최대효과(이윤)를 얻으려는 합리적인 행동양식을 의미하게 된다.

2. 경제문제가 발생하는 근본적인 이유는?

① 희소성의 법칙
② 욕망포화의 법칙
③ 수확체감의 법칙
④ 이윤극대화의 원칙
⑤ 최소비용의 원칙

자원의 희소성 때문에 경제문제가 발생하고, 자본주의 경제체제에서는 이를 시장가격기구에 의해서 해결하고 사회주의 경제체제에서는 계획·명령에 의하여 해결한다.

3. 시장경제체제하에서 가격기구가 해결해야 할 일은?

① 무엇을, 얼마만큼 생산할 것인가?
② 어떠한 방법으로 생산할 것인가?
③ 생산물을 어떻게 분배할 것인가?
④ ①과 ②와 ③
⑤ 맞는 답이 없다.

국민경제의 3대 기본문제 : what and how much to produce?, how to produce?, for whom to produce?

4. '보이지 않는 손'이 의미하는 것은?

① 정부가 시장체제의 기능을 통제한다는 것.
② 가격을 경쟁적 수준보다 높게 책정하려는 독점판매자의 경향
③ 경제적 상황 하에서 각 개인의 이기적 동기에 따른 의사결정은 사회적 이익을 증대시킨다는 것
④ 조세제도가 부자로부터 가난한 사람들에게로 소득을 재분배한다는 것
⑤ 자본주의 경제체제하에서 정부의 통제는 자원의 효율적 배분을 달성한다는 것

자본주의 국가에서의 경제문제 해결은 경쟁적 상황 하에서 각 개인의 이기적 동기에 따른 의사결정 즉 가격기구에 의하는데 가격기수를 아담스미스(A.Smith)는 '보이지 않는 손(invisible hand)'이라 하였다. 이 가격기구에 따른 이기적 동기에 의한 의사결정은 사회적 이익을 증대시킨다.

5. 효율성(Efficiency)과 공평성(Equity)에 관한 서술 중 옳지 않은 것은? 95 사법고시

① 효율성과 공평성을 동시에 달성하기란 매우 어렵다.
② 공평한 자원배분이라고 해서 반드시 비효율적일 필요는 없다.
③ 효율적인 자원배분이라고 해서 반드시 공평한 자원배분인 것은 아니다.
④ 비효율적인 자원배분이 다른 효율적인 자원배분보다 오히려 더 공평할 수 있다.
⑤ 공평성을 달성하기 위해서는 반드시 효율성의 희생이 불가피하다.

효율성과 공평성은 동시에 달성하기는 어려우나 반드시 상충하는 것은 아니다.

6. 다음 중 자본주의 경제체제와 관계없는 것은?

① 자유경쟁　　② 사유재산제도
③ 생산수단의 사회화　　④ 경제활동의 자유
⑤ 영리주의

자본주의는 생산수단의 사유를 인정하고 시장에서 수요공급에 의해 가격기구를 통해 자원배분을 하는 경제체제이다.

7. 시장경제체제가 갖는 장점이라고 볼 수 없는 것은?

① 생산성의 제고
② 전략산업의 육성가능
③ 노동의욕의 제고
④ 효율적인 자원배분
⑤ 선택의 자유

시장경제체제하에서는 시장가격기구에 의해 희소한 자원배분문제(경제문제)가 해결된다. 시장에서 수요와 공급에 의해 결정된 가격으로 자원배분이 이루어지면 효율적인 자원배분이 된다.

Chapter 02 경제학의 개념과 원리

经济学的概念与原理

- 경제학
- 미시경제학과 거시경제학
- 경제이론, 경제사, 경제정책론
- 실증경제학과 규범경제학
- 정태경제학과 동태경제학
- 중상주의, 중농주의, 고전학파, 케임브리지학파, 케인즈, 통화학파, 새고전학파

Summary

① 경제학의 정의
② 경제주체, 연구분야, 가치판단, 시간의 변동에 따른 경제학의 분류
③ 경제학적 사고의 차이점
④ 경제학의 발전과정 : 중상주의, 중농주의, 고전학파, 신고전학파, 통화주의학파, 새고전학파, 케인즈학파, 공급경제학
⑤ 경제학의 10대 기본원리 : 의사결정의 기본원리, 의사결정의 상호작용의 원리, 나라경제의 작동원리

2.1 경제학의 정의
经济学的定义

저명한 경제학자의 업적을 축하하기 위해 연회가 마련되었다. 그 자리에 참석했던 기자가 이 경제학자에게 국민들에게 하고 싶은 말이 없는가 물었다. “경제적 진리야 많지만, 보통사람들이 이해하도록 설명하기에는 너무 복잡하고 어렵습니다. 그러나 그것들도 따지고 보면 역사를 통해 거듭 증명되어 온 한 가지 사실로 귀착됩니다. 즉 ‘세상에는 공짜 점심이란 없다’는 것입니다(There is no such thing as a free lunch, 天下没有免费的午餐).”

세상에 대가없이 얻는 것은 없으며 모든 선택에는 그에 따른 대가 또는 희생이 반드시 수반되게 됨으로 우리는 매순간 선택을 강요받게 된다.

경제학은 개인적 또는 사회적으로 이뤄지는 모든 경제적 선택행위를 연구대상으로 삼는다. 오늘날 경제학은 그 연구범위를 확대시켜 경제현상 이외에 다른 모든 선택행위들 가령 결혼, 출산자녀의 수, 마약 도박과 같은 범죄, 예술, 스포츠, 교육에 이르기까지 그 연구의 대상을 확대해나가고 있다.

경제학(economics, 经济学)이란 “무한한 인간의 물질적 욕구를 충족시키기 위해 희소한 자원을 어떻게 활용, 관리하는가를 연구하는 학문” 즉 얼마나 일하고 무엇을 구입하고, 얼마나 저축하고 그 저축을 어떻게 투자하는가? 등과 같은 “사람들의 의사결정과정을 연구하는 학문”이라 할 수 있다. 또한 “경제주체들간의 상호작용을 연구하고 소득, 실업, 물가 등이 국민경제에 미치는 영향을 연구하는 학문”이다.

2.2 경제학의 분류
经济学的种类

경제학은 <표 2-1>에서와 같이 경제주체, 연구분야, 시간변동, 시장간 연관성 등 분류기준에 따라 여러 가지 형태로 구분되어질 수 있다.

연구 분야별로 나눠볼 때 경제이론은 여러 경제현상 사이에 존재하는 경제법칙을 규명한 후 그 법칙을 이용하여 현재의 경제현상을 분석하고 미래의 경제현상을 예측하는 것이다. 경제사(经济史)는 지나간 경제현상을 해석하거나 과거의 경제자료를 분석함으로써 경제법칙을 밝혀내는 분야이다. 경제정책론(经济政策论)은 어떤 경제상태가 바람직하며 그 상태를 효율적으로 달성하기 위해서 어떤 경제정책수단을 사용해야 하는가를 다루는 분야이다.

분석대상별로 구분해볼 때 분석대상이 되는 경제주체가 무엇이냐에 따라 미시경제학(microeconomics, 微观经济学)와 거시경제학(macroeconomics, 宏观经济学)으로 구분된다. 미시경제학은 개별경제주체의 행위 동기와 그 결과를 분석 즉 각 개인이나 기업의 행동이유를 밝히며, 재화와 용역 및 생산요소의 가격, 그리고 수급량이 어떻게 결정되는지를 연구한다. 한편 거시경제학은 한 국가의 재화와 용역의 총량에 관심을 가지고 국민전체의 국민소득, 국가전체의 고용(실업)여부, 물가 등을 연구한다.

❖ 나무와 숲의 관계

경제문제는 크게 미시경제와 거시경제의 두 측면에서 분석할 수 있다. 가계나 기업의 의사결정 등과 같이 개별 경제주체의 관점에서 경제행위를 분석하고 경제문제를 설명하는 것을 미시경제분야라 하며, 이에 반해 나라 경제의 전체적인 관점에서 국민소득, 물가, 고용, 이자율, 환율과 같은 경제변수간의 상호관계나 경제정책의 영향 등을 분석하는 것은 거시경제분야이다.

따라서 경영학이나 미시경제학에서 다루는 분야가 숲을 이루는 개별적인 나무라 한다면 거시경제학은 그 나무들로 구성된 전체적인 숲을 다루는 것이다. 어떤 산의 특징을 파악하기 위해서는 숲과 나무의 모습을 모두 잘 이해해야 한다. 한편, 전체를 알기 위해 모든 나무의 특성을 분석하는 것은 불가능하거나 많은 코스트를 수반하게 되므로 이런 경우에는 거시경제학이 유효한 분석수단이 된다.

표 2 1 경제학의 분류

분류기준	해당 분야	내 용
경제주체	미시경제학	가계와 기업 등 개별 경제주체의 경제행위와 그 상호작용을 연구대상으로 하는 분야. 주로 자원배분 문제를 분석
	거시경제학	개별경제주체들로 구성된 국민경제의 전체적인 현상을 연구하는 분야. 주로 국민소득, 물가, 고용, 환율 등을 분석
연구분야	경제이론	어떤 경제현상 사이에 존재하는 경제법칙을 구명한 후 그 법칙을 이용하여 현제의 경제현상을 분석하고 미래의 경제현상을 예측하는 분야
	경제사	과거의 경제현상을 해석하거나 과거의 경제자료를 추출·분석함으로써 경제법칙을 밝혀내는 분야
	경제정책론	어떤 경제상태가 바람직하며 그 상태를 효율적으로 달성하기 위해서는 어떤 정책을 사용해야 하는가를 다루는 분야
가치판단	실증경제학	경제현상을 있는 사실 그대로 분석하고 경제현상들 간에 존재하는 인과관계를 발견하여 경제현상의 변화를 예측하는 경제학(현실경제의 분석)
	규범경제학	현실 경제가 어떻게 되는 것이 바람직한가를 규명하는 가치판단 기준으로서의 경제학(현실경제의 평가)
시간의 변동	정태경제학	시간의 변동을 고려하지 않은 상태에서 두 균형상태를 비교 · 연구하는 분석방법
	동태경제학	시간의 변동을 고려하면서 한 균형점에서 다른 균형점으로 이동해가는 과정을 중요시하는 분석방법
시장간 연관성	부분균형 분석	다른 시장상황은 일정하게 주어진 것으로 가정하고 특정시장에 초점을 맞추어 분석하는 기법
	일반균형 분석	특정시장과 다른 모든 시장이 서로 영향을 주고받는 것을 고려하면서 특정시장을 분석하거나 또는 모든 시장들을 한꺼번에 분석하는 기법

2.3 경제학적 사고
经济学的思考

경제학을 배우는 중요한 목적의 하나가 경제현실을 이해하기 위해 필요한 논리적 사고를 습득하는 것이다. 많은 사람들의 무수한 개별적인 행동의 결과로 나타나는 경제현상을 물리학이나 공학적인 공식으로 명쾌하게 정리할 수는 없다. 밖으로 드러나는 경제현상 이면에 복잡하게 얽혀있는 심리적, 사회적, 경제적 연결고리를 읽고 예측, 설명하기 위해서는 논리적 사고의 체계 즉 경제학적으로 사고하고 그 논리를 습득하는 것이 무엇보다 중요하다.

예를 들어 자동차라는 사물이나 현상을 분석함에 있어 물리학자, 사회학자, 심리학자, 경제학자의 사고방식은 사뭇 다를 수밖에 없다.

물리학자는 자동차를 가령 자동차의 물리학적 운동원리의 관점에서 사고한다. 즉 에너지로 피스톤을 움직이는 변속장치와 구동축을 통한 관성의 극복, 기체역학의 원리로 사고한다. 한편 사회학자는 자동차와 탑승자를 사회적 구조틀 안에서 해석하려 할 것이다. 즉 자동차가 비쌀수록 그 소유자는 상류층이고 상향 지향적이라는 사고를 도출할 것이다. 반면 심리학자는 자동차 소유자를 개인적 심리 관점에서 보려 할 것이다. 즉 자동차가 번쩍거리고 요란한 소리를 내는 자동차의 소유자는 심리가 불안정하고 외향적이라는 결론을 내리려 할 것이다.

이들과 비교해 경제학자는 자동차를 연구할 때 가령 자동차 구매자가 결정을 내리는 배후의 요소들에 주목하려 할 것이다. 즉 이 소비자가 지출(비용)에 따른 만족(편익)을 극대화하기 위해서는 어떤 소비결정을 할 것인가를 분석한다. 이를 위해 미시경제의 수요이론 혹은 비용과 편익 분석을 적용하여 현상을 설명 또는 예측하려 할 것이다. 즉 경제학에서는 자동차의 수요를 설명하기 위해 자동차 구매자가 합리적이라는 가정 하에서 비용-편익분석(cost-benefit analysis, 成本-收益分析)을 사용하여 자동차에 대한 지출-자동차값, 휘발유값, 관리비를 포함한 유지비 등의 지출의 현재가치와 자동차를 사용함으로써 얻게 되는 만족감의 현재가치를 비교하여 분석한다.

2.4 경제학의 10대 기본 원리
经济学的十大基本原理

경제란 수많은 가계와 기업간의 행위와 의사결정에 의해서 움직여 나간다. 경제학은 경제에 참여하는 사람들의 의사결정 과정이 어떻게 이뤄지는가, 사람들간의 상호작용은 어떻게 이뤄지는가, 또 국가경제 전체는 어떻게 작동되는가에 관한 오랜 연구와 경험적 사실을 통해 다음과 같은 10가지의 원리들이 기본적이고 중요하다는 결론을 얻고 있다.

(1) 의사결정의 4가지 기본원리(人们如何作出决策)

원리1. 모든 선택에는 대가가 있다.
原理1. 人们面临权衡取舍

모든 일에는 대가가 있고 사람들은 선택을 해야 한다. 개인들의 선택은 한정된 시간의 배분이나 가계수입의 배분을 어떻게 할 것인가를 놓고 고민해야 한다.

사회나 국가의 선택은 공해와 소득, 분배와 성장과 같은 두 가지 상충되는 선택을 놓고 저울질해야 한다.

원리2. 선택의 대가는 그것을 얻기 위해 포기하는 그 무엇이다.
原理2. 某种东西的成本是为了得到它所放弃的东西

올바른 의사결정을 위해서는 그 선택의 대가를 정확히 따져보아야 한다. 이 때 선택의 진짜 비용은 그 선택을 위해 포기했던 다른 모든 선택으로부터 얻을 수 있는 이득들 중에 가장 값진 것이 된다. 이를 경제학에서는 기회비용(opportunity cost, 机会成本)이라 부른다고 앞서 배운 바 있다.

예 대학진학의 대가

- 이득 : 지적 성장과 좋은 직업을 가질 수 있는 가능성
- 대가 : (취직시 보다)대학진학시 추가 부담비용(등록금, 하숙비, 책값, 식비 등)과 시간비용

어떤 선택을 위해 포기했던 다른 선택으로부터 얻을 수 있는 이득 → 대학진학이라는 의사결정을 할 때 이로 인해 포기되는 각각의 모든 가능한 선택에 대한 기회비용을 정확하게 따져보아야 함

원리3. 합리적 판단은 한계적으로 이루어진다.

原理3. 理性人考虑边际量

우리는 희소성 때문에 발생하는 경제문제를 해소하기 위해 선택을 해야 하고, 이때 합리적 선택을 위해서는 비용과 편익을 비교해서 판단해야 한다. 그런데 비용과 편익의 크기를 비교함에 있어서 '한계적으로'해야 최적의 선택을 할 수 있다. 가령 항공사가 예약 손님에게는 20만원씩의 정식요금을 받고 팔은 티켓의 좌석이 남아 있을 경우를 생각해보자. 만일 당일 예약 없이 10만원에 가고자 하는 승객이 있다면 어떻게 해야 할까? 한계분석을 통해서 보면 항공사 입장에서 추가적인 비용은 거의 들지 않으므로(기내식 비용 정도) 즉 '한계편익 > 한계비용'이므로 10만원만이라도 받고 태우는 것을 선택할 것이다.

항공요금 많은 사람들은 결정을 내릴 때 현재의 계획이나 행동을 조금씩 바꾸어 적응한다. 이를 한계적 변화(marginal changes, 边际的变化)라 한다. 사람들은 의사결정을 할 때 최종적인 추가 소비로 인한 이득(한계이득 : marginal benefit, 边际收益)과 추가 소비로 인한 비용(한계비용 : marginal cost, 边际成本)을 비교하여 결정한다. 즉 합리적 의사결정은 한계이득과 한계비용을 비교하여 선택하는 것이다.

원리4. 사람들은 경제적 유인에 반응한다.

原理4. 人们会对鼓励做出反应

사람들의 의사결정과 행동에 가장 큰 영향을 미치는 요인은 자신의 경제적 이해득실이다. 사람들은 어떤 행동이나 결정을 할 때 이득과 비용을 비교해서 결정하게 된다. 또한 이득이나 비용의 크기가 변화하게 되면 사람들의 행동도 그에 따라 변화하게 된다.

경제적 이해 즉 '돈' 보다 명예나 대의명분, 국가와 민족에 대한 사명감 등과 같은 유인은 그다지 크지도 지속적이지도 못한 것이 현실이다. 가령 신토불이와 국내 농가의 어려운 현실을 내세워 국내 농산물을 비싼 가격으로 소비하고 있는 현상은 보다 싼 가격에 훨씬 질이 좋은 수입농산물이 들어오게 된다면 오래 지속되지 못할 것이다.

예 사과가격의 상승

소비자들은 사과 대신 상대적으로 싸고 사과를 대체할 수 있는 다른 과일인 배의 소비를 늘린다. 한편 사과의 생산자들은 인부를 더 고용해 사과수확을 더 늘리고자 한다.

예 자동차 안전벨트 규제의 효과

안전벨트 의무화로 인한 사망률 하락, 한편 안전운전에 대한 운전자의 해이로 사고율은 증가 → 규제의 순효과는 불분명, 운전자의 사망률 하락, 보행자의 사망률은 증가

(2) 의사결정의 상호작용의 3가지 기본원리(人们如何相互贸易)

원리5. 자유거래는 모든 사람을 이롭게 한다.

原理5. 贸易能使每个人状况更好

자유거래는 모든 사람들이 각자가 가장 잘 할 수 있는 일에 특화(specification)할 수 있게 해준다. 사람들은 서로 거래를 통해서 보다 다양한 상품과 서비스를 가장 낮은 가격으로 구입할 수 있다. 만일 자유거래가 아니라면 모든 사람들은 혼자서 농사짓고, 옷을 만들고, 집도 지어야 하는 자급자족 생활을 해야 할 것이고 그 때의 소비수준은 현저히 낮아질 수밖에 없다.

국가도 마찬가지로 서로 거래(무역)를 함으로써 국가마다 더 잘하는 분야에 특화할 수 있고, 보다 다양한 재화와 서비스를 누릴 수 있다. 따라서 모든 국가들은 세계경제 속에서 경쟁자이면서 동시에 파트너인 셈이다.

원리6. 일반적으로 시장이 경제활동을 조직하는 좋은 수단이다.

原理6. 市场通常是组织经济活动的一种好方法

사회주의경제 혹은 계획경제는 정부의 경제계획자가 경제활동을 통제하고 어떤 물건을 얼마나, 어떻게, 누가 소비하는가를 결정한다. 실제 구 소련, 북한, 쿠바와 같은 사회주의 국가의 경우 계획당국이 생산물의 종류 및 생산량, 생산방식, 생산분배를 계획에 의해 결정하게 되는데, 계획과 현실은 항상 괴리가 발생하게 마련이어서 지원의 비효율성이 커지게 되있고 이러한 비효율성 누적으로 인해 사회주의국가의 경제붕괴가 발생하게 되었다.

반면 시장경제(market economy, 市场经济)는 수많은 기업과 가계가 시장에서 상호작용하면서 분산된 의사결정에 의해 자원배분이 이루어지는 경제체제를 말하는데 아담 스미스의 '보이지 않는 손(invisible hands, 看不见的手)'이라고 일컬어지는 시장의 '가격'이 경제활동을 조직화하고 경제복지수준을 전반적으로 향상시키는 가장 유효한 수단이 된다. 정부의 시장개입이나 규제는 경제를 왜곡 시키고 시장실패를 가져오게 된다. 예로 아파트 분양가 상한제와 같은 가격규제 정책은 수요와 공급의 괴리를 가져오게 되고 질 낮은 아파트의 공급을 늘여, 소위 부실아파트를 양산하는 결과를 가져오게 된다.

원리7. 경우에 따라 정부가 시장성과를 개선할 수 있다.

原理7. 政府有时可以改善市场结果

대부분의 경우 시장이 경제활동을 조직하는 좋은 수단이나 정부의 개입이 필요한 경우도 존재한다. 이는 시장이 불완전하여 경제가 바람직한 상황이 되지 못하는 경우인데 다음과 같은 경우에 발생한다.

① 시장의 실패(market failure, 市场的失败) : 시장이 자유롭게 기능하는데도 효율적이지 못한 자원배분 상태를 초래하는 경우를 말한다.

② 외부효과(externality, 外部效果) : 한 사람의 행위가 다른 사람들의 경제적 후생에 영향을 미치는 경우를 의미한다. → 예) 공해를 유발하는 화학회사가 매연으로 초래되는 비용을 부담하지 않는다면 이 회사는 보다 자신의 이익만을 위해서 보다 많은 공해를 배출할 것 → 환경규제를 통한 다른 사람들의 경제적 후생을 증가시킴

③ 시장지배력(market power, 市场支配力) : 한 사람 또는 소수의 사람들이 시장가격에 대해 상당한 영향을 미칠 수 있는 능력을 말한다. → 예) 우리나라 자동차산업 또는 정유회사의 휘발유 가격 등이 해당되며 이 경우 정부가 독점사업자가 부과하는 가격을 규제함으로써 경제적 후생을 증가시킬 수 있음

④ 공평성(equity, 公平性)의 제고 : 시장경제는 사람들이 능력에 따라서 보상받도록 하는 체제이다. 따라서 보이지 않는 손이 모든 사람들을 좋은 음식과 좋은 옷, 충분한 의료혜택을 누리도록 하지는 못한다. 이에 정부는 소득세와 사회보장제도와 같은 제도에 의해 경제적 후생을 보다 공평하게 누리도록 하는 정책을 시행함

그러나 이러한 정부의 의도와는 달리 정부가 시장성과를 항상 개선하는 것은 아니다. 오히려 정책판단의 실수나 정책효과의 시차(time lag, 时差) 때문에 정책실패를 가져오는 경우도 많다.

읽을거리 : 정부의 시장개입은 최선책일까?

시장실패는 정부의 시장개입으로 상당부분 개선할 수 있습니다. 그러나 정부의 개입이 항상 최선은 아닙니다. 때로는 정부가 직접 나서지 않고 사회구성원의 자발적인 참여를 통해 시장실패가 민주적이고도 효율적으로 보완되기도 합니다. 예를 들어 환경오염과 같은 해로운 외부효과를 발생시키는 기업의 행위도 사회구성원의 고발정신으로 상당부분 줄일 수 있습니다. 독과점기업의 횡포는 기업들의 불공정 행위를 감시 · 비판하거나 소비자의 권익을 보호하기 위한 운동으로 어느 정도 개선시킬 수 있습니다.

또한 불충분한 공공재 때문에 나타나는 시장실패의 경우에도 국민들이 무임승차 유혹에서 벗어나 관심을 가지고 대응할 때 정부의 개입 없이 해결될 수 있는 부분이 있습니다. 예를 들면 지역 주민 또는 단체들이 훼손될 위기에 처한 땅을 공동으로 매입해 공원으로 조성하여 지역주민 모두의 '쉼터'(공공재)로서, 나아가 지역사회의 이미지 개선에 활용하는 내셔널 트러스트운동(National Trust)* 같은 것을 종종 볼 수 있습니다.

이와 같이 시장실패가 사회구성원들의 자발적인 노력으로 해결될 수 있다면 정부가 직접 나서는 방식이 항상 최선은 아닌 것입니다.

* 시민들의 자발적인 모금이나 기부 등을 통해 보존가치가 있는 자연자원과 문화자산을 확보하여 무분한 개발로부터 보전 · 관리하고자 하는 시민환경운동

(3) 나라경제는 어떻게 작동하는가(整体经济如何运行)

원리8. 한 나라의 생활수준은 그 나라의 생산능력에 달려 있다.

原理8. 一国的生活水平取决于它生产物品与劳务的能力

국가마다 국민소득의 차이나 생활수준의 차가 천차만별이다. 이처럼 나라마다 생활수준이 다 다른 것은 국가들의 생산성이 다르기 때문이다. 생산성(productivity, 生产性)이란 단위 시간당 근로자가 생산해낼 수 있는 재화와 서비스의 양을 의미한다. 미국이나 일본과 같은 잘 사는 나라들은 그 만큼 생산성이 높아 부가가치가 높은 경제활동을 하고 그에 따라서 풍요로운 생활을 할 수 있는 것이다. 반면 아프리카나 동남아시아의 후진국들의 생산성이 매우 낮아서 단위 시간당 근로자가 생산할 수 있는 재화나 서비스의 양과 질이 낮기 때문에 궁핍한 생활을 하는 것이다.

원리9. 통화량이 지나치게 늘면 물가는 상승한다.

原理9. 当政府发行了过多货币时，物价上升

인플레이션(Inflation, 通货膨胀)은 한 나라경제의 전반적인 물가수준이 상승하는 현상을 말

한다. 인플레이션을 가져오는 중요한 요인 중의 하나가 통화량(quantity of money, 通货量)의 증가이다. 통화량이 증가하게 되면 그 만큼 화폐 즉 돈의 가치는 떨어지게 되고 반면에 물건이나 서비스의 가격 즉 물가는 오르게 된다.

원리10. 단기적으로 인플레이션과 실업 사이에 상충관계가 있다.

原理10. 社会面临通货膨胀与失业之间的短期权衡取舍

인플레이션을 잡기 위해서 시중에 통화량 즉 돈을 거둬들이게 되면 기업들의 사정이 안 좋아지게 된다. 이에 기업들은 고용을 줄이거나 아니면 문을 닫게 되어 실업이 악화되는데 이러한 인플레이션과 실업사이의 상충관계(trade-off, 权衡取舍)를 필립스곡선(Phillips Curve, 菲利普斯曲线)이라고 부른다. 이와 같은 상충관계는 정책결정을 하는데 있어 매우 중요하다. 왜냐하면 경제정책에 있어 가장 중요한 목표인 물가안정(인플레이션 억제)과 고용안정(실업억제)이라는 두 가지를 모두 달성하기란 단기적으로 어렵다는 것을 시사하기 때문이다. 즉 물가를 안정시키기 위해서는 실업이 늘어나는 것을 감수해야 한다.

이같은 인플레이션과 물가와의 상충관계가 장기에까지 지속되는 것은 아니다. 장기적으로 실업률은 자연실업률 수준으로 접근하게 장기적으로는 양자간에 특별한 관계가 없는 것으로 나타난다.

2.5 경제학의 발전
经济学的变迁

(1) 중상주의(重商主义)

1) 시 기

15세기 중엽부터 18세기 중엽까지 유럽각국에서 상업자본주의가 형성되던 시기

2) 특 징

① 정부의 경제개입(经济介入)주의 : 국가의 이익을 위해 개인의 이익을 규제하고 정부가 경제에 적극 개입을 주장

② 중금주의(重金主义) : 금과 은 같은 귀금속이 곧 부(wealth, 富)

③ 상업 · 무역 중시 : 부는 생산과정이 아닌 상업과 무역 같은 유통과정을 통해 창출

④ 인근궁핍화정책(邻近贫困化政策) : 자국에 대한 강력한 보호무역과 식민지개척으로 무역상대국에 대한 적자를 유발하는 정책으로 자국의 흑자와 국부의 증진을 도모

⑤ 화폐 중시 : 화폐의 역할을 중요시 하며 인플레이션을 통해 가속화됨

3) 대표적 학자

T. Mun, W. Petty, J.B. Colbert, J.H. von Justi

(2) 중농주의(重农主义)

1) 시 기

18세기 후반에 당시 농업 국가였던 프랑스의 케네 등을 중심으로 중상주의를 비판하며 등장

2) 특 징

① 자유방임주의(自由放任主义) : 중상주의와 반대로 정부의 인위적인 보호나 간섭을 배척하고 자연질서에 순응해야 한다는 자유방임주의를 채택

② 중농주의(重农主义) : 국부의 원천은 토지이며 국부는 농업생산을 통하여 창출

③ 고전학파(古典学派)의 이론적 토대 제공 : 중농주의학파는 고전학파에 큰 영향을 미쳐 주류경제학의 토대를 형성

3) 대표적 학자

F. Quesnay, M. Mirabeau

(3) 고전학파(古典学派)

1) 시 기

18세기 후반에 영국에서 산업혁명이 본격적으로 태동되던 시기부터 19세기말까지 영국의 경제학파(근대경제학의 시초)

2) 특 징

① 자유방임주의 : 개인의 사적 이익추구가 국가의 이익과 조화를 이루므로 정부의 개입이 불필요하며 대신 자유로운 경제활동과 자유무역을 실시해야 한다고 주장

② 세이의 법칙(Say's law) : 공급이 스스로의 수요를 창출한다는 것으로 공급을 중시

③ 비교우위론(comparative advantage, 比较优为论) : 한 나라는 다른 나라보다 상대적으로 적은 기회비용으로 생산할 수 있고 비교우위를 갖게 됨

④ Walras의 일반균형이론(一般均衡理论) : 한계효용가치에 토대를 두고 상호의존적인 경제변수들간의 일반균형이론을 정립

3) 대표적 학자

A. Smith, D. Ricardo, J. S. Mill, J. B. Say, L. Walras

(4) 케임브리지학파(Cambridge school, 剑桥学派)

1) 시 기

19세기말

2) 특 징

① 경제유기체설 : 경제사회를 생물의 유기체와 같은 것으로 보고 역사적으로 생성, 발전하는 경제행태를 규명

② 미시경제학의 집대성 : 고전학파의 객관적 노동가치설과 한계효용학파의 주관적 효용가치설을 절충하여 수요와 공급의 법칙을 수립하고 미시경제학을 집대성함

③ 분석기법의 과학화 : 수학과 물리학 개념을 도입하여 균형, 탄력성, 부분균형분석, 장단기분석 등으로 경제분석의 과학화

3) 대표적 학자

A. Marshal, A.Pigou

알프레드 마샬

(5) 케인즈(凯恩斯)

1) 시 기

1930년대 대공황시기 이후 대량실업을 해결하기 위해 등장

2) 특 징

① 거시경제학의 태두 : 고전학파의 미시경제학으로부터 거시경제학의 출발을 가져옴

② 수요중시(需求重视) : 불완전고용 하에서는 정부의 수요관리정책을 통해 완전고용수준을 회복할 수 있다고 주장

③ 정부의 적극적 시장개입주장

④ 3대 기본심리법칙 : 소비성향, 투자의 한계효용, 유동성선호 등 경제주체들의 주관적 심리요인이 경기를 좌우

3) 대표적 학자

J. M. Keynes

(6) 케인즈학파(凯恩斯学派)

1) 시 기

1940년대부터 1960년대까지

2) 특 징

① 케인즈이론의 발전 : 케인즈이론을 보다 정교하고 현실타당성 있는 이론으로 발전시킴

② 정부의 개입주의 : 시장실패시 경기침체와 실업은 경제전반에 걸쳐 큰 해악을 끼치므로 정부는 재량적 재정정책을 실시

③ 거시경제의 일반균형분석 : IS-LM과 AD-AS의 분석수단 사용

3) 대표적 학자

J. Hicks, J. Tobin, R. Solow, F. Modigliani

(7) 통화학파(通货学派)

1) 시 기

1950년대부터 1960년대 미국

2) 특 징

① 고전학파와 신고전학파이론의 계승발전 : 고전학파와 신고적학파의 이론체계를 거시경제 분석에 적용

② 시장경제의 자율적 조정능력 : 경기변동은 자연스러운 경제현상

③ 정부의 비개입주의 : 단기적 불균형이 발생했을 때 정부는 재량정책보다는 준칙주의를 통한 정책을 실시

④ 통화량의 적정공급 중시 : 실업보다는 인플레이션이 국민경제에 더 큰 해악을 끼침으로 통화량의 적정관리를 강조

3) 대표적 학자

M. Friedman, D. Laidler, K. Brunner, A. Meltzer

(8) 새고전학파(新古典学派)

1) 시 기

1970년대 스태그플레이션이 가속화되던 시기에 등장

2) 특 징

① 고전학파와 신고전학파이론의 현실적 수용 : 경제주체의 합리적 기대와 시장균형의 미시

경제학적 토대하에 새로운 거시경제분석을 시도

② 정책무력성정리 : 단기와 장기에 관계없이 정부의 총수요관리정책은 국민소득의 증가를 가져올 수 없다고 주장함

③ 균형경기변동이론 : 경기변동은 총수요와 총공급이 일치하는 균형상태가 변동하는 현상

④ 장기성장촉진정책 : 정부의 정책은 기술진보, 인적자본과 지식자본의 축적 등 장기적인 총공급을 증대시켜야 가능하다고 주장

3) 대표적 학자

R. Lucas, T. Sargent, N. Wallas, R. Barro

표 2 2 경제학의 발전

학 파	등장시기 및 주요 내용
중상주의	① 15세기 중엽부터 18세기 중엽까지 유럽각국에서 상업자본주의가 형성되던 시기 ② 정부의 적극적 개입, 중금주의, 무역차액주의 ③ 금은과 같은 귀금속이 곧 국가의 부(富), 부는 상업 특히 무역에 의하여 창출
중농주의	① 18세기 후반에 당시 농업국가였던 프랑스 ② 자유방임주의 : 중상주의와 반대로 정부의 인위적인 보호나 간섭을 배척하고 자연질서에 순응해야 한다는 자유방임주의를 채택 ③ 국부의 원천은 토지이며 농업생산을 통하여 국부를 창출 ④ 고전학파의 이론적 토대 제공

고전학파	① 18세기 후반에 영국에서 산업혁명이 본격적으로 태동되던 시기부터 19세기 상반까지 영국의 경제학파(근대경제학의 시초) ② 자유방임주의 : 개인의 사적 이익추구가 국가의 이익과 조화를 이루므로 정부의 개입이 불필요하며 대신 자유로운 경제활동과 자유무역을 실시해야 한다고 주장 ③ 세이의 법칙 : 공급이 스스로의 수요를 창출한다는 것으로 공급을 중시 ④ 비교우위론 : 한 나라는 다른 나라보다 상대적으로 적은 기회비용으로 생산할 수 있고 비교우위를 갖게 됨
신고전학파	① 19세기 후반 사회주의 경제학에 대항하여 자본주의 경제를 옹호할 수 있는 새로운 경제학 등장(한계효용이론) ② 주관적 가치설, 효용 및 수요측면 중시 ③ 한계효용학파, 오스트리아 학파, 로잔느학파, 캠브리지 학파(광의)
케인즈 학파	① 1930년대 대공황시기 이후 대량실업을 해결하기 위해 등장 ② 거시경제학의 출현 ③ 수요중시 : 불완전고용 하에서는 정부의 수요관리정책을 통해 완전고용수준을 회복할 수 있다고 주장 ④ 정부의 적극적 시장개입주장 ⑤ 3대 기본심리법칙 : 소비성향, 투자의 한계효용, 유동성선호 등 경제주체들의 주관적 심리요인이 경기를 좌우
통화주의학파	① 1950년대부터 1960년대 미국 ② 정부의 비개입주의 : 단기적 불균형이 발생했을 때 정부는 재량정책보다는 준칙주의를 통한 정책을 실시 ③ 통화량의 적정공급 중시 : 실업보다는 인플레이션이 국민경제에 더 큰 해악을 끼침으로 통화량의 적정관리를 강조
새고전학파 (합리적 기대학파)	① 1970년대 스태그플레이션이 가속화되던 시기에 등장 ② 고전학파와 신고전학파이론의 현실적 수용 ③ 정책무력성정리 : 단기와 장기에 관계없이 정부의 총수요관리정책은 국민소득의 증가를 가져올 수 없다고 주장함 ④ 균형경기변동이론 : 경기변동은 총수요와 총공급이 일치하는 균형상태가 변동하는 현상 ⑤ 장기성장촉진정책 : 정부의 정책은 기술진보, 인적자본과 지식자본의 축적 등 장기적인 총공급을 증대시켜야 가능하다고 주장

좀더알아보기

스태그플레이션 : 불경기속의 물가상승

1970년대 초 석유수출국기구(OPEC)의 원류가격 대폭 인상으로 제1차 석유파동이 초래되어 우리나라를 포함한 세계 각국은 물가가 크게 상승하고 국민소득이 감소하는 스태그플레이션을 경험한 바 있었습니다. 불경기(stagnation)와 물가상승(inflation)의 합성어인 스태그플레이션(stagflation)은 주로 비용인상 인플레이션에 의해 유발된다고 합니다. 원유는 자동차 등의 연료로 쓰일 뿐만 아니라 석유화학제품 등 여러 상품들을 만들기 위해 다양한 분야에서 중간재로 널리 사용되고 있어 국민경제 전체에 미치는 영향이 매우 큽니다. 스태그플레이션은 경제에 큰 고통을 안겨주지만 적절한 대응정책을 수립하기가 어렵습니다. 이에 따라 많은 국가들은 스태그플레이션이 발생되지 않도록 예방책 마련에 노력하고 있습니다.

최근 들어 코로나19로 인해서 세계공급망의 약화 현상이 전세계적인 생산차질과 원자재 가격을 급등시켰고 이에 전반적인 물가가 상승하는 인플레이션 현상이 나타나고 있다. 반면에 코로나19로 인해 여전히 수요는 침체되어 있고 특히 비대면경제의 회복이 지연되어 있어 경기 침체로부터 헤어나오지 못하고 있다. 이처럼 최근에 다시 물가상승과 경기침체가 동시에 발생하는 현상이 나타나 스태그플레이션이 다시 재현될 수 있다는 우려가 커지고 있다.

Chapter 02 연습문제(练习问题)

1. 실증경제학과 관련되지 않는 것은?

① 자원배분의 효율성을 중요시한다.
② 가설을 만들고 검증한다.
③ 객관적 관점을 중요시한다.
④ '… 해야한다(should be …)'라고 주장하지 않는다.
⑤ 소득분배의 공정성을 연구한다.

소득분배의 공정성은 옳고 그름의 가치판단이 개제된 것으로 규범경제학의 대상이다.

2. 다음 중 미시경제학에서 설명되지 않는 것은?

① 기업가의 이윤극대원리
② 특수시장 또는 경제의 일부
③ 효용을 중심으로 한 소비자극대원리
④ 국민소득의 순환이론
⑤ 가격을 중심으로 한 수요공급분석

미시경제학은 경제적 의사결정의 주체인 개별단위(가계, 기업 등)와 이들 상호간의 관계, 나아가서 개별시장의 행위를 분석한다.

3. 다음 각 항의 내용이 가장 잘못 연결되고 있는 것은?

① 고전학파 – A.Smith의 국부론
② 사회주의학파 – K.Marx의 자본론
③ 중상주의 – J.M.Keynes의 일반이론
④ 중농주의 – F.Quesnay의 경제표
⑤ 역사학파 – F.List의 경제학의 국민적 체계

소득분배의 공정성은 옳고 그름의 가치판단이 개제된 것으로 규범경제학의 대상이다.

4. 다음 각 설명 중 옳지 않은 것은?

① 고전학파는 중농주의의 자유방임사상을 이어 받아 '작은 정부의 이론'을 주장하였다.
② 통화주의학파는 고전학파의 입장을 계승하여 재정정책이 효과가 없다고 주장하였다.
③ 합리적 기대학파는 통화주의학파의 입장을 강화시켜 재정정책이 장기에는 물론 단기에도 효과가 없다고 주장하였다.
④ 역사학파는 보호무역주의를 주장하였다.
⑤ 케인즈학파는 정부의 비개입주의를 주장하고 실업과 같은 경제의 불균형은 자동회복된다고 주장하였다.

케인즈학파는 1930년대 대공황(대량실업)을 계기로 등장하여 시장경제에 정부가 적극 개입하여 경제를 안정화시켜야 한다고 주장하였다.

Part 2

수요 · 공급의 이론
需求供给理论

Chapter 03. 수요 · 공급의 이론
需求供给理论

Chapter 04. 수요 · 공급의 탄력성
需求及供给弹性

Chapter 05. 수요 · 공급 이론의 응용
需求与供给理论的应用

Chapter 03 수요 · 공급의 이론

需求供给理论

- 수요와 수요량
- 수요곡선
- 수요함수
- 수요의 법칙
- 수요량의 변화
- 수요의 변화
- 대체재 · 보완재
- 시장균형가격
- 소비자잉여
- 생산자잉여
- 순사회편익
- 공급과 공급량
- 공급곡선
- 공급함수
- 공급의 법칙
- 공급량의 변화
- 공급의 변화

Summary

① 수요 · 공급이론을 통해 시장 균형가격과 균형거래량의 결정을 배움
② 수요의 법칙와 공급의 법칙
③ 수요량의 변화와 수요의 변화와의 차이점
④ 개별수요와 시장수요
⑤ 공급량의 변화와 공급의 변화와의 차이점
⑥ 개별공급과 시장공급
⑦ 수요함수와 공급함수
⑧ 소비자잉여와 생산자잉여

3.1 시장과 가격의 기능
市场经济与价格的机能

(1) 가격(价格)이란?

사람들은 생존을 위해서 수많은 재화와 서비스를 사용한다. 이를 우리는 소비라 하며 이들 상품과 서비스는 시장에서 구입해야 하는데 시장에서 거래되는 모든 상품은 제각기 값을 가지고 있다.

1) 가격의 종류(价格的种类)

어떤 상품의 (절대)가격이란 화폐로 표시한 상품 1단위의 가치(화폐액)을 말한다. 상품이 시장에서 거래되기 때문에 상품의 가격을 시장가격(market price, 市场价格)이라 부르기도 한다.
(통상의 가격 = 절대가격 = 시장가격)

시장가격은 가계의 상품의 수요량과 기업의 상품의 공급량이 일치하는 수준에서 결정되며 이때 가계가 상품을 사는 데 지불하고자 하는 수요가격과 기업이 상품을 판매하여 받고자 하는 공급가격이 일치하게 된다.

상대가격이란 그 상품과 다른 상품간의 교환비율 또는 두 상품의 가격의 비율을 말한다. 미시경제학에서 그냥 가격이라고 할 때는 절대가격을 의미하고 가계와 기업이 효율적 선택을 할 때에는 상대가격이 중요하다.

2) 가격의 기능(价格的机能)

① 생산활동 및 소비활동의 지표

시장가격은 생산과 소비활동을 하는데 유용한 신호로서 역할을 하며 생산자와 소비자의 활동을 유인하는 역할을 한다.

② 자율적인 자원배분의 기능

시장가격은 인위적인 정부의 개입 없이도 상품과 자원을 필요한 사람에게 배분하는 역할을 하며 또한 자원의 효율적인 배분을 가능케 해준다.

③ **매개변수적 기능**

가격은 상품의 수요와 공급을 매개하여 수요량과 공급량을 일치시키는 역할을 한다.

인위적인 간섭이 없이 가격의 기능이 작용될 수 있도록 구성된 시장조직을 자유시장기구(free market mechanism, 自由市场机构) 또는 가격기구(price mechanism, 价格机构)라 한다. 아담 스미스(A.Smith, 亚当。斯密)는 시장가격기구를 '보이지 않는 손(invisible hand, 无形之手, 亚当斯密经济理论用语, 指价值规律)'이라고 불렀다.

3.2 수 요
需要 需求

(1) 수요의 개념(需求的概念)

1) 수요량(需求量)

일반적인 의미에서 수요는 소비자가 어떤 상품(재화나 용역)을 구매하고자 하는 욕구를 말한다. 경제학에서 수요량이란 "일정기간 동안 소비자가 구매력의 갖추고 구매하고자 하는 상품의 최대수량"으로 정의된다.

이 정의에서 '일정기간'은 유량(flow, 流量)의 개념 즉 기간이 명시돼야 정확한 의미가 파악되는 개념을 의미한다. 예를 들어 일일 수요량, 월간 수요량, 연간 수요량과 같이 기간이 명시되어야 의미가 정확하게 전달되는 개념이다. 이와 반대의 개념은 저량(stock, 储量)개념이라 하며 이는 특정시점에서의 구매량을 가리키는 것이다.

다음 '구매력을 갖추고'라고 한 것은 대가를 지불할 수 있는 능력(구매력, 购买力)을 수반한 구매(공허한 욕구가 아닌)를 의미하는 것이다.

'상품의 최대수량'으로 정의한 것은 주어진 가격에서 구입하고자 하는 최대수량을 의미한다. 따라서 실제 구입량(사후적인)과는 공급량에 따라서 다를 수 있으며 사전적이고 계획적인 개념(미래에 대한 계획)을 나타내는 것이다.

2) 수요(需要 需求)

수요(Demand, 需求)란 일정기간동안 있을 수 있는 가격수준은 여러 가지이며, 각각의 가격수준에 대응하여 소비자가 구매하고자 하는 상품의 수량도 각기 다르다. 이때 어느 한 가격수준에 대응하여 사고자 하는 상품의 수량이 수요량이고, 있을 수 있는 모든 가격과 수요량의 대응관계를 표시하는 것이 수요이다.

수요량(Quantity demanded, 需求量)의 변화와 수요의 변화에서와 같이 명확히 다른 개념으로 사용할 때를 제외하고는 수요량과 수요의 개념은 같은 의미로 사용된다.

(2) 수요곡선(需求曲线)

1) 수요표(需求表)

다음의 <표 3-1>에서처럼 한 상품의 가격 이외의 다른 모든 요인들이 불변일 때 그 상품의 가격과 그에 따른 수요량을 표로 나타낸 것이 수요표이다.

표 3 1 수요표

조 합	가 격	수요량
A	100	20
B	150	14
C	200	10
D	250	8

2) 수요곡선(需求曲线)

한 상품의 수요곡선이란 일정기간에 있을 수 있는 그 상품의 여러 가격과 수요량의 조합을 그림으로 나타낸 곡선이다. <표 3-1>의 수요표를 종축에 가격과 횡축에는 수요량으로 표시된 그림에 나타낸 것이 수요곡선이다.

수요곡선의 높이는 그 상품의 소비에서 나오는 한계편익(marginal benefit, 边际收益)을 뜻한다. 즉 소비자가 낼 용의가 있는 최고가격을 의미한다.

그림 3 1 수요곡선

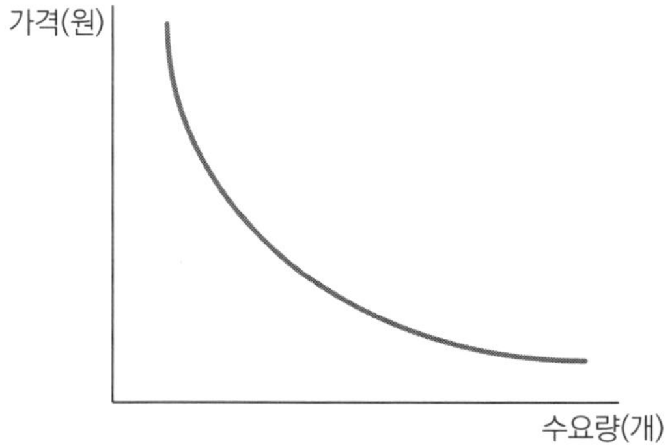

(3) 수요의 법칙(law of demand, 需求定理)

다른 모든 조건이 일정할 때 한 상품의 가격이 상승하면 그 상품의 수요량은 감소하고 가격이 하락하면 수요량은 증가한다. 이러한 가격과 수요량간의 역의 관계를 수요의 법칙이라 한다. 그림 상으로는 수요곡선이 우하향한다는 것을 의미한다.

수요의 법칙이 성립함을 설명하는 직관적 이유로 설명하면 대체효과와 소득효과를 통해 설명할 수 있다.

① 대체효과(substitution effect, 代替效果 替代效应)란 어떤 재화의 가격이 다른 재화보다 상대적으로 싸졌기 때문에 다른 재화 대신 그 재화를 구매하게 되는 현상을 가리킨다.

② 소득효과(income effect, 所得效果 收入效应)란 주어진 소득 하에서 어떤 재화의 가격이 하락하면 동일한 지출액으로 전보다 더 많은 수량을 구입할 수 있기 때문에 수요량이 늘어난다. (정상재(소득이 증가할 때 수요량이 증가)인 경우)

수요의 법칙에 대한 예외도 있을 수 있다. 과시적 소비(conspicuous consumption, 夸示的消费)와 기펜재(Giffen goods, 吉芬物品) 등이 여기에 해당한다.

3.3 수요의 결정요인과 수요함수
需求的决定因素与需求函数

수요곡선은 일정기간에 있을 수 있는 그 상품의 여러 가지 가격수준과 수요량의 조합들을 연결한 곡선이다.

(1) 수요의 결정요인 및 변화내용(需求的决定因素与变化内容)

수요량의 변화는 수요곡선 위의 운동(movement along the demand curve, 沿着需求曲线的变动)을 의미하며, 고려 대상이 되는 상품의 가격에 변화가 생겼을 경우에 나타난다.

수요의 변화는 수요곡선의 이동(shift of the demand curve, 需求曲线移动)을 가져오며, 자신의 가격 이외의 변수에 의해 수요량이 변화할 때 수요곡선 자체가 이동하는 것을 의미한다. 다른 재화의 가격, 소비자의 소득, 기호, 인구수, 예상 등이 변화하면 수요의 변화를 가져온다.

표 3 2 수요의 결정요인 및 변화내용

결정요인	변화 내용
① 해당 재화의 가격(P_X)	수요량의 변화(수요곡선상의 이동)
② 다른 재화의 가격(P_1, P_2, …, P_n) ③ 소득(I), 기호(T), 인구수(N) ④ 예상(E)	수요의 변화(수요곡선 자체의 이동)

(2) 수요량의 변화와 수요의 변화(需求量变化与需求的变化)

1) 수요량의 변화(需求量变化)

해당 상품의 가격변화에 따른 수요량의 변화이며 수요곡선 위의 이동으로 나타난다.

그림 3 2 수요량의 변화와 수요의 변화

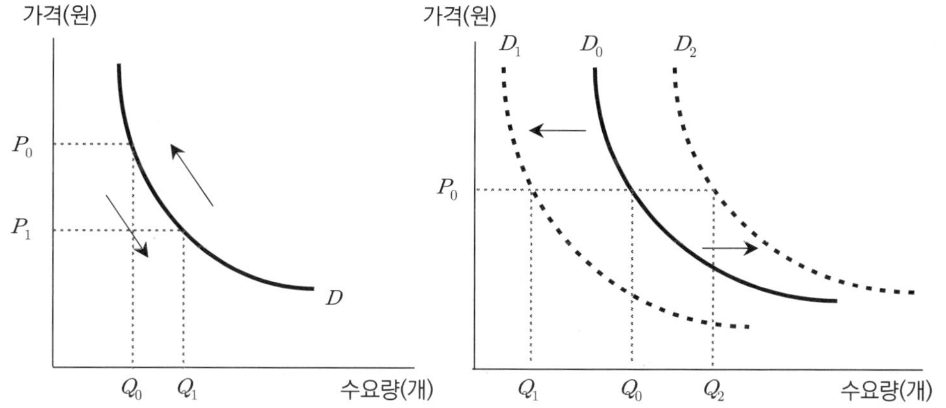

(a) 수요량의 변화 (b) 수요의 변화

2) 수요변화의 요인(需求变化的因素)

① 소비자의 소득(income, 收入) : 소득이 증가하면 수요가 증가하고 감소하면 수요가 감소한다(정상재). 반면에 소득이 증가함에 따라 오히려 수요가 감소하는 재화도 있는데 이를 열등재 혹은 하급재라 한다.

② 소비자의 기호(taste, 嗜好) : 어떤 상품에 대한 소비자의 기호가 달라지면 그 상품에 대한 수요가 증가한다. (월드컵 붐 → 축구공 판매증가)

③ 연관상품의 변화(相关物品的价格) : 일반적으로 한 상품은 어떤 특정한 다른 상품과 대체관계 혹은 보완관계에 놓이게 된다.

❖ **대체재**(substitution goods, 替代品)

상품이 주는 용도가 비슷한 제품들(커피와 홍차, 버터와 마가린, 콜라와 사이다 등)

❖ **보완재**(complement goods, 互补品)

함께 소비할 때 더 큰 만족을 주는 상품들(커피와 프림, 치킨과 맥주, 테니스라켓과 공)

❖ **독립재**(独立品)

아무런 관계도 없는 독립적 관계를 갖는 재화(쌀과 책, 커피와 운동화)

어떤 두재화가 대체관계에 있을 때 한재화의 가격 상승(하락)은 다른 재화의 수요의 증가

(감소)를 가져온다.

어떤 두재화가 보완관계에 있을 때 한재화의 가격상승(하락)은 다른 재화의 수요의 감소(증가)를 가져온다.

표 3 3 수요의 변화요인

원 인	수요의 변화
▪ 다른 재화의 가격 변화 (P_1, P_2, ⋯, P_n)	▪ 대체재 : 타재화가격↑ ⇒ 수요↑: 수요곡선의 우측 이동 ▪ 보완재 : 타재화가격↑ ⇒ 수요↓: 수요곡선의 좌측 이동
▪ 소득의 변화(I)	▪ 정상재 : 소득↑ ⇒ 수요↑: 수요곡선의 우측 이동 ▪ 열등재 : 소득↑ ⇒ 수요↓: 수요곡선의 좌측 이동
▪ 인구의 증가(N) ▪ 광고 · 선전, 기호 변화(T) ▪ X재 가격상승 예상(E)	▪ X재를 수요하는 인구증가 ⇒ 수요곡선의 우측이동 ▪ 광고·선전의 증가 ⇒ 수요곡선의 우측이동 ▪ X재 가격상승 예상 ⇒ 수요곡선의 우측이동

그림 3 3 수요량의 변화와 수요의 변화(대체재와 보완재)

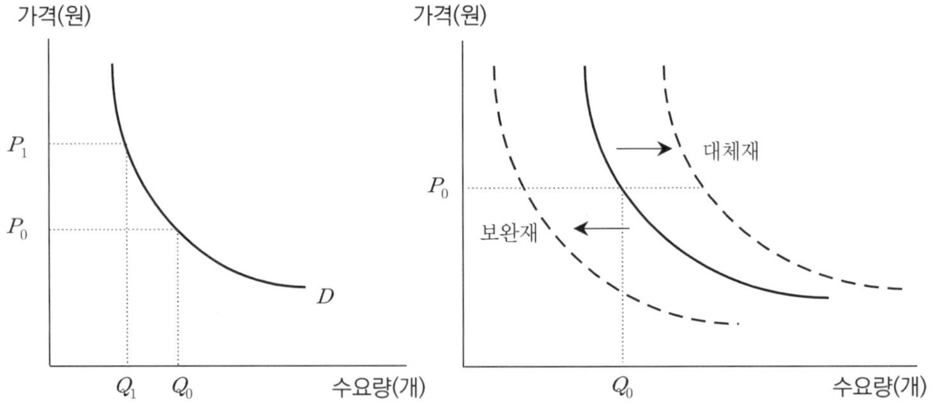

(a) 대체재의 가격변화와 수요의 변화
(b) 보완재의 가격변화와 수요의 변화

④ 소비자의 예상(consumer's expectation, 消費者预期) : 어떤 상품의 가격변화에 대한 예상이나 소득변화에 대한 예상은 수요곡선을 이동시킨다.

가격상승 예상 → 오르기 전에 더 많이 구매하려 함(사재기)
소득상승 예상 → 종전보다 수요증가

⑤ 재산(wealth 财产) : 소비자의 재산 혹은 부(富)의 변화는 수요곡선의 이동을 초래한다.

신문기사로 본 생활경제 〈자료 : 매일경제, 2022년 1월 20일〉

사재기 현상과 가격 상승

"마트에 오렌지 주스도 없어요"…미국 대형마트 냉장코너가 비었다

미국 뉴저지주 엥글우드에 있는 대형마트인 숍라이트. 기자가 일주일에 한 번은 찾는 곳인데, 2주 전부터 오렌지주스를 사기가 어려워졌다. 대형 냉장고 곳곳에는 '생산 부족에 따라 일부 품목에 공급이 제한되고 있으니 양해 바란다'는 안내문이 붙어 있었다.

오렌지주스가 수급 불균형을 빚게 된 것은 플로리다주 오렌지 수확량이 1945년 이후 가장 적을 것으로 예상되는 가운데 코로나19 팬데믹을 계기로 가정 내 소비가 늘었기 때문이다. 이렇다 보니 할인 판매 등은 사라지고 각종 식품 가격이 오르고 있다.

통조림, 냉동식품 코너에도 빈자리가 많았다. 2020년 3월 팬데믹 초기에는 사재기 등 불안감에 가수요가 겹친 영향으로 인플레이션 압박이 심했지만, 최근에는 인력난 · 물류난으로 공급이 부족해지면서 이런 현상이 빚어지고 있다. 뉴욕 주요 커피점들은 연말 · 연초에 커피 가격을 슬그머니 올렸다. 이제 맨해튼에서는 5달러 이하짜리 카페라테를 찾아보기 힘들다. 헤어커트 등 일손이 늘 부족한 업종에서는 새해 들어 10% 이상 요금을 인상했다.

공급망 혼란 속에서 기업들은 물류비, 인건비, 원자재 가격 등 각종 비용 상승분을 소비자에게 전가하고 있다. 월스트리트저널(WSJ) 등에 따르면 19일(현지시간) 세계적인 생활용품 기업 프록터앤드갬블(P&G)은 지난해에 이어 올해도 제품 가격을 인상할 계획이라고 밝혔다. P&G는 이날 지난해 4분기 실적발표에서 "제품 가격 인상이 2022년 내내 계속될 것"이라고 했다. 지난해 P&G는 2019년 봄 이래 가장 큰 폭으로 제품 평균 가격을 인상했다.

지난해 12월 미국 소비자물가지수(CPI)는 전년 동월보다 7.0% 급등해 1982년 6월 이후 가장 큰 폭으로 뛰었다. WSJ는 "P&G의 경쟁사인 유니레버, 킴벌리클라크 등 소비재 업체 다수가 세계 공급망 대란 속에서 비용 증가분을 상쇄하기 위해 가격 인상을 단행했다"고 전했다.

(3) 수요함수(需求函数)

1) 수요함수(需求函数)

수요함수는 어떤 재화의 수요량과 이에 영향을 미치는 여러 요인들과의 대응관계를 나타낸 것이다.

■ **수요함수의 정의**

$$D_X = f(P_X;\ I,\ T,\ P_R,\ E,\ W)$$

즉 소비자의 어떤 상품에 대한 수요량(D_X)은 자신의 가격(P_X)과 그 밖에 소비자의 소득(Income : I), 기호(Taste : T), 연관상품의 가격(Price of related goods : P_R), 소비자의 예상(Expectation : E), 소비자의 재산(Wealth : W)의 함수라는 것이다.

수요곡선은 자신의 가격이외에 다른 모든 요인들이 일정불변하다는 가정하에 그려진 것이며 이들 다른 요인들이 변화할 경우 수요곡선상의 이동으로 나타난다.

3.4 개별수요와 시장수요
个人需求与市场需求

시장수요(market demand, 市场需求)는 개별수요(individual demand, 个人需求)를 합한 것이다. 시장수요곡선은 개별수요곡선을 수평적으로 더함으로써 얻을 수 있다. (즉 동일한 가격수준에서 모든 소비자의 개별수요량을 합함)

그림 3 4 개별수요와 시장수요곡선

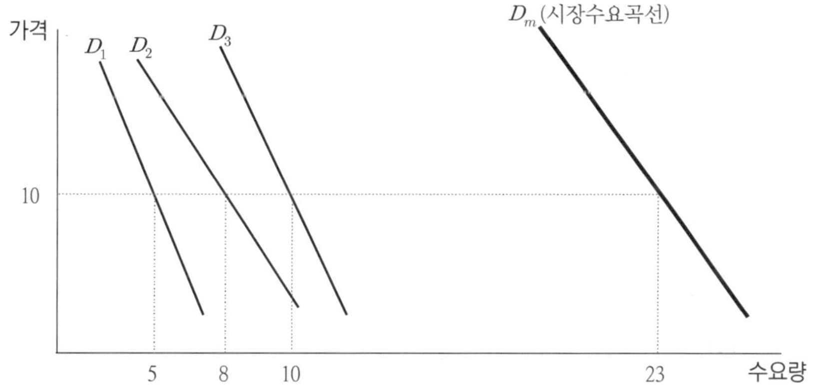

3.5 공 급
供給

(1) 공급의 개념(供給概念)

일반적 의미의 공급은 생산자가 어떤 상품(재화나 용역)을 판매하고자 하는 욕구를 가리킨다. 공급량이란 일정기간 동안 생산자가 판매능력을 갖추고 판매하고자 하는 상품의 최대수량으로 정의된다.

① 일정기간(一定期间) : 유량(flow, 流量)의 개념 즉 기간이 명시돼야 함.
  예 일일 공급량, 월간 공급량, 연간 공급량
  비교 : 저량(stock, 储量) 개념은 특정시점에서의 구매량

② 판매능력(出售能力)을 수반한 : 실제로 팔 수 있는 능력(판매능력)을 수반한 판매 의미 (공허한 욕구가 아닌)

③ 상품의 최대수량 : 주어진 가격에서 판매하고자 하는 최대수량을 의미한다. 따라서 실제 판매량과는 수요량에 따라서 다를 수 있다.

공급에서 일정기간동안 있을 수 있는 가격수준은 여러 가지이며, 각각의 가격수준에 대응하여 생산자가 판매하고자 하는 상품의 수량도 각기 다르다. 이때 어느 한 가격수준에 대응하여 팔고자 하는 상품의 수량이 공급량이고, 있을 수 있는 모든 가격과 공급량의 대응관계를 표시하는 것이 공급이다.

공급곡선의 높이는 생산자가 각 단위에 대해 최소한 얼마를 받아야 하겠다는 의사를 나타낸다고 해석할 수 있다.

상품의 공급량을 결정하는 데 가장 중요한 요인은 바로 그 상품의 가격. 또한 투입요소의 가격, 생산기술, 산업내의 기업 수, 미래에 대한 기대 등 여러 요인이 공급량의 결정에 영향을 미친다.

(2) 공급곡선(供给曲线)

공급곡선(supply curve, 供给曲线)은 일정기간에 있을 수 있는 그 상품의 여러 가지 가격수준과 공급량의 조합들을 연결한 곡선이다. (가격을 종축, 공급량을 횡축으로 그림)

그림 3 5 공급곡선

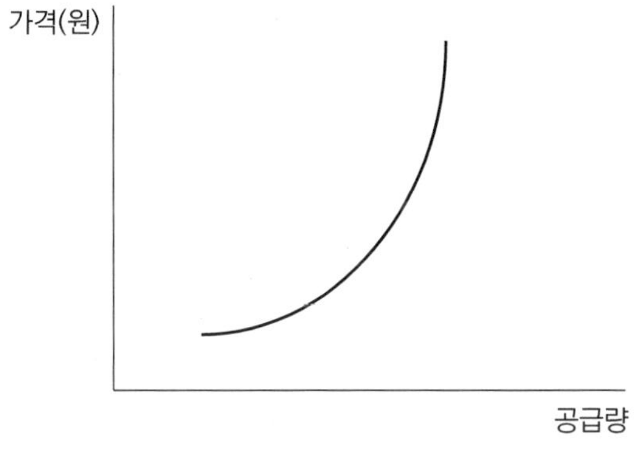

공급곡선은 자신의 가격이외에 다른 모든 요인들이 일정불변하다는 가정 하에 그려진 것이며 이들 다른 요인들이 변화할 경우 공급곡선상의 이동으로 나타난다.

(3) 공급의 법칙(law of supply, 供给定理)

다른 모든 조건이 일정할 때 한 상품의 가격이 상승하면 그 상품의 공급량은 증가하고 가격이 하락하면 공급량은 감소한다. 이러한 가격과 수요량간의 양(+, 陽)의 관계를 말한다. 그림상으로 공급곡선이 우상향한다는 것을 의미한다.

공급의 법칙에 대한 직관적 이유를 이윤효과와 진입효과에 의해 설명하면 다음과 같다.

① 이윤효과(利润效果) : 다른 모든 조건이 불변할 때 한 상품의 가격이 상승하면 수익성이 높아지므로 기존의 생산자들이 생산을 증가시켜 공급을 늘린다.

② 진입효과(进入效果) : 새로운 생산자가 높은 수익성을 보고 해당 상품의 생산에 참여할 것이므로 공급량이 증가하게 된다.

(4) 공급량의 변화와 공급의 변화(供给量变化 与供给的变化)

공급량의 변화는 해당 상품 이외의 다른 모든 요인들이 일정하다고 전제하고 그 상품의 공급가격만 변할 때 '공급곡선 상에서'(change along the supply curve, 沿着供给曲线的变动)의 움직임으로 나타낸다.

그림 3　6　공급량의 변화와 공급의 변화

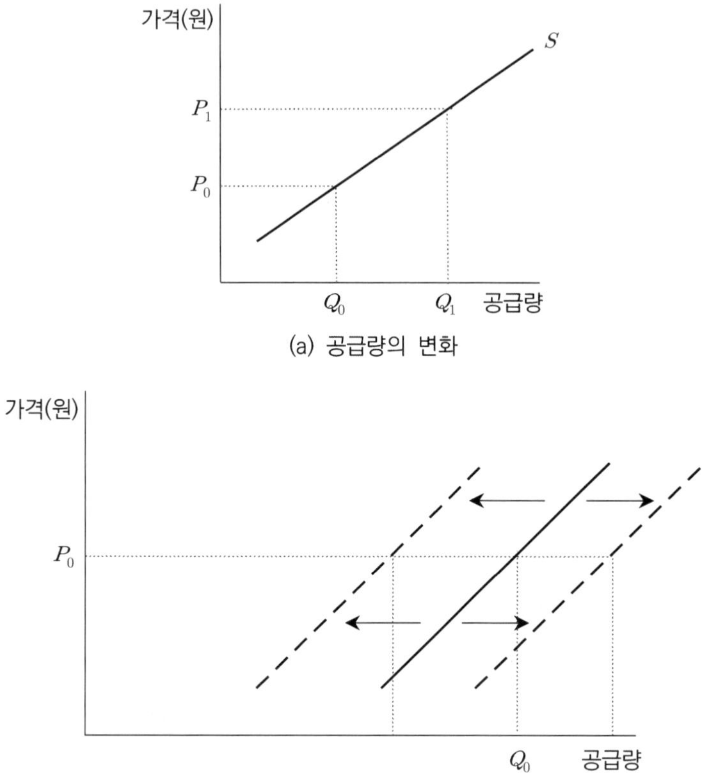

(a) 공급량의 변화

(b) 공급의 변화

공급의 변화는 자신의 가격 이외의 다른 공급결정요인의 변화에 따라 일어나는 공급량의 변화로서 공급곡선 자체의 이동(shift of the supply curve, 供给曲线移动)으로 표시된다.

(5) 공급변화의 요인(供给变化因素)

① 생산기술(production technology, 生产技术) : 생산기술이 향상은 주어진 가격수준에서 공급수준의 향상을 가져와 공급곡선의 오른쪽 이동을 가져온다.

② 생산요소의 가격(factor price, 生产投入价格) : 임금, 임대료, 이자 등 생산요소가격이 하락(상승)하는 경우 그 생산요소를 사용하여 생산하는 상품의 공급이 증가하므로 공급곡선의 우측(좌측)이동을 야기한다.

예 유가상승은 공급의 감소를 가져와 공급곡선의 좌측이동을 유발함

③ 조세와 정부보조금(租税与政府补助金) : 조세의 증가(감소)는 생산비가 증가(감소)하여 공급곡선의 좌측(우측)이동을 가져오고, 반대로 보조금의 증가(감소)는 생산비를 감소(증가)시키고 공급의 증가(감소)를 가져와 공급곡선을 우측(좌측)이동시킨다.

④ 연관상품의 가격(相关商品的价格) : 소비면과 마찬가지로 생산면에서 볼 때 재화는 대체관계 혹은 보완관계에 놓이게 된다.

- 어떤 두재화가 생산면에서 대체관계에 있을 때 한재화의 가격 상승(하락)은 다른 재화의 공급의 감소(증가)를 가져온다.

  예 쌀과 보리를 생산할 수 있는 농부가 현재 쌀을 생산하나 보리의 가격이 상승할 경우에 쌀의 생산을 감소시키고 보리의 생산을 증가시킨다.

- 어떤 두재화가 생산면에서 보완관계에 있을 때 한재화의 가격상승(하락)은 다른 재화의 공급의 증가(감소)를 가져온다.

  예 정유회사에서 석유를 정유해서 에탄올과 메탄올을 생산할 때 에탄올가격 상승은 에탄올의 생산증가를 가져오고 따라서 자연히 메탄올의 공급의 증가를 가져오게 된다.

⑤ 공급자의 예상(供给者的预期) : 어떤 상품의 가격변화에 대한 예상은 공급곡선을 이동시킨다.

가격상승 예상 → 오를 때 팔기위해 현재의 공급을 감소시킴
가격하락 예상 → 떨어지기 전에 팔기위해 현재의 공급을 증가시킴

표 3 4 공급의 변화요인

원 인	공급의 변화
타재화가격의 변화	대체재 : 타재화의 가격↑ ⇒ 공급↓ ⇒ 공급곡선 좌측이동 보완재 : 타재화의 가격↑ ⇒ 공급↑ ⇒ 공급곡선 우측이동
생산요소가격의 상승	생산요소가격 ↑ ⇒ 공급↓ ⇒ 공급곡선 좌측이동
기술진보	기술진보 ⇒ 공급↑ ⇒ 공급곡선 우측이동

(6) 공급함수(供给函数)

공급함수(supply function, 供给函数)란 어떤 재화의 공급량과 이에 영향을 미치는 여러 요인들과의 대응관계를 나타낸 것이다.

$$S_X = f(P_X;\ T_E,\ P_F,\ T_A,\ E)$$

즉 생산자의 어떤 상품에 대한 공급량(S_X)은 해당상품의 가격(P_X) ; 생산기술(Production Technology : T_E), 생산요소가격(Price of factor : P_F), 세금(Tax : T_A), 공급자의 예상(Expectation : E)의 함수라는 것이다.

(7) 개별공급과 시장공급(个人供给与市场供给)

시장공급(market supply, 市场供给)은 개별공급(생산자 한사람 한사람의 공급, 个人供给)를 합한 것이다. 시장공급곡선은 개별공급곡선의 수평적 합계(즉 동일한 가격수준에서 모든 생산자의 개별공급량을 합한 것)로 나타난다.

그림 3 7 개별공급과 시장공급

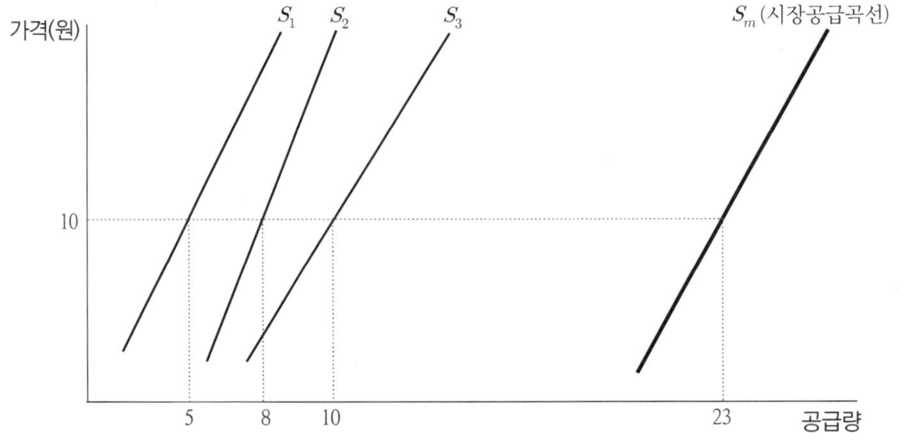

3.6 시장가격의 결정
市场价格的决定

(1) 시장균형과 균형가격의 결정(市场均衡与均衡价格的决定)

1) 균형의 의미(均衡的含义)

일반적으로 균형(equilibrium, 均衡)이란 일단 정지된 어떤 상태에 도달한 후 외부에서 어떤 자극을 주지 않는 한 더 이상 다른 상태로 변하지 않는 경우를 말한다. 즉 각기 다른 힘이 평형을 이루는 상태를 균형이라 한다. 상품시장에서의 균형은 수요와 공급이 일치된 상태를 말한다.

❖ 균형의 성립

수요란 소비자가 어떤 상품을 일정한 가격을 치르고 사려고 하는 의도를 말한다. 공급은 생산자가 어떤 가격에 판매하고자 하는 의도를 나타낸다. 수요는 주관적으로 느끼는 행복을 최대화하려는 소비자의 합리적 의사결정의 결과이며 따라서 상품의 가격, 소비자의 소득 및 기호 등에 영향을 받아 변화된다. 공급은 이윤을 최대화하려는 생산자의 합리적 의사결정 결과이며 상품가격과 생산비용 등에 영향을 받는다. 시장에서의 균형가격과 균형거래량은 시장에서의 수요와 공급에 의해 결정된다.

시장균형가격(market equilibrium price, 市场均衡价格)이란 시장수요량과 시장공급량이 일치하는 가격수준을 말한다. 즉 초과공급량이나 초과수요량이 발생하지 않아 그 가격수준 이외의 다른 가격수준으로 변경될 유인이 없는 가격을 의미한다. 그림 상으로는 수요곡선과 공급곡선의 교차하는 점의 가격이다.

균형거래량(equilibrium quantity, 均衡数量)은 시장균형가격하의 거래량이다.

그림 3 8 시장의 균형

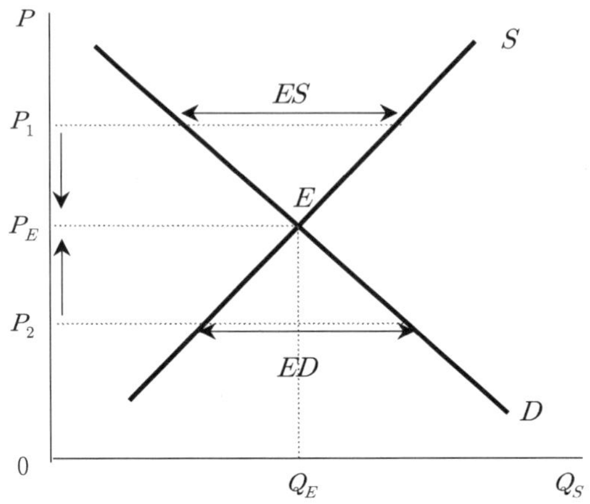

(a) 시장균형가격의 결정

초과공급(Excess Supply, *ES*) → 가격하락 → 초과공급 감소
초과수요(Excess Demand, *ED*) → 가격상승 → 초과수요 감소

수요와 공급이 일치하는 점에서 가격이 결정되는 관계를 수요 · 공급의 법칙(Law of Demand and Supply, 需求 · 供給定理)이라 한다.

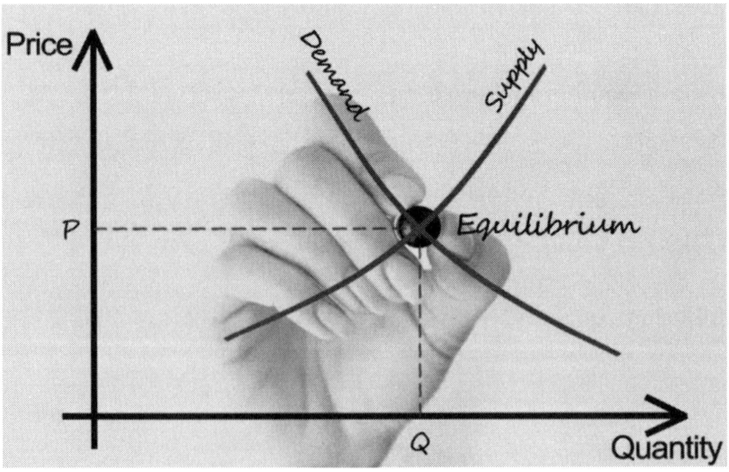

(2) 시장균형의 변동(市场均衡的变动)

해당 상품의 가격 이외의 요인들이 변하여 수요곡선이나 공급곡선이 이동하면, 즉 수요나 공급이 변화하면, 균형가격과 균형거래량이 변하게 된다.

1) 수요의 변화와 균형의 변동(需求变化与均衡的变动)

가령 소득이 증가하면 수요곡선은 우측으로 이동하게 되고 원래의 가격수준에서 초과수요량 발생하게 되어 가격은 상승하고 수요감소와 공급증가를 가져오게 된다. 이에 균형가격은 상승하고, 거래량은 증가하게 된다.

그림 3 9 소득의 증가와 균형의 변화

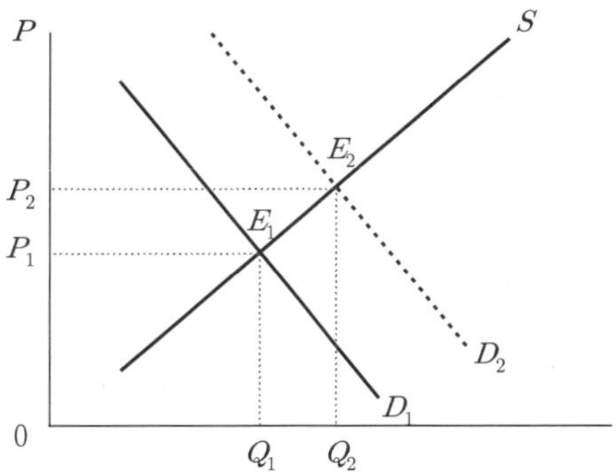

표 3 5 수요의 변화와 균형의 변화

	수요의 변화	균형가격	균형거래량
공급은 일정	수요증가	상 승	증 가
	수요감소	하 락	감 소

2) 공급의 변화와 균형의 변동(供给变化与均衡的变化)

예를 들어 기술진보가 있게 되면 공급곡선은 우측으로 이동하게 되고 원래의 가격수준에서 초과공급량이 발생하게 된다. 초과공급으로 인해 가격이 하락하면 수요는 증가하고 공급은 감소시켜 균형가격은 하락하게 되고 거래량은 증가하게 된다.

표 3 6 공급의 변화와 균형의 변화

	공급의 변화	균형가격	균형거래량
수요는 일정	공급증가	하 락	증 가
	공급감소	상 승	하 락

그림 3 10 기술진보와 균형의 변화

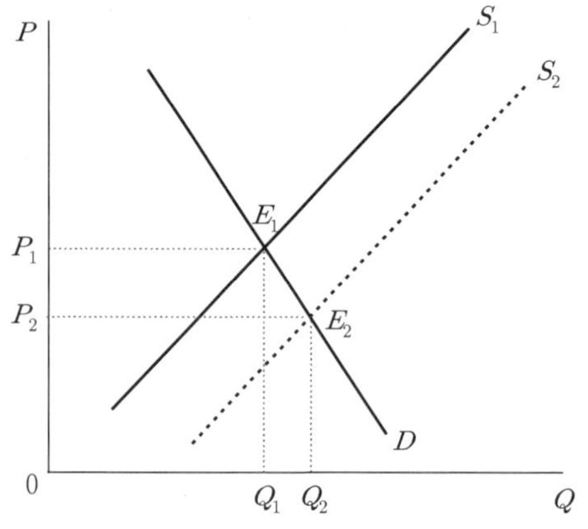

표 3 7 수요와 공급의 변화에 따른 가격 변동

	공급불변	공급증가	공급감소
수요불변	가격불변	가격하락	가격상승
수요증가	가격상승	가격하락 (수요증가 < 공급증가) 가격상승 (수요증가 > 공급증가)	가격상승
수요감소	가격하락	가격하락	가격하락 (수요감소 > 공급감소) 가격상승 (수요감소 < 공급감소)

3.7 소비자잉여와 생산자잉여
消費者剩余与生产者剩余

(1) 소비자잉여(消費者剩余)

수요곡선의 높이는 그 상품의 마지막 단위를 얻기 위해 소비자가 지불할 용의가 있는 금액이라는 의미이다. 그렇다면 수요곡선의 높이는 마지막 단위의 상품을 소비함으로써 얻는 편익, 즉 한계편익을 뜻한다.

예를 들어 한 개에 1000원 하는 사과 10개를 구입한 소비자가 있다고 가정하자. <그림 3-11>에서 보면 10개의 사과를 구입하기 위해 지불할 용의가 있는 금액은 실제로 지불한 금액 10,000원보다 큰 것으로 나타난다. 이처럼 소비자는 어떤 물건을 살 때, 언제나 그가 지불한 금액이상의 만족을 얻게된다. 소비자가 느끼는 만족감을 화폐단위로 표시하고 여기서 지불한 금액을 빼면 바로 그 교환에서 소비자가 얻는 이득이 된다. 즉 사과 10개를 구입하기 위해 지불할 용의가 있는 금액이 실제로 지불한 금액을 초과하는 부분이 소비자잉여(consumer surplus, 消費者剩余)이다. <그림 3-11>에서 삼각형 $\triangle aep$의 면적이 바로 소비자잉여를 의미한다.

이처럼 소비자잉여란 ① 소비자가 어떤 재화를 얻기 위해서 지불할 용의가 있는 가격이 그가 실제로 지불하는 가격을 초과하는 부분, ② 수요가격과 시장가격의 차이, ③ 재화를 소비했을 때 얻는 효용과 그 재화를 구입하기 위해 실제 지불한 화폐금액의 차이를 나타낸다.

❖ **소비자잉여**(consumer surplus, 消費者剩余)
소비자가 어떤 상품을 소비하기 위하여 지불할 용의가 있는 금액과 실제로 지불한 금액과의 차액

소비자는 이 상품의 마지막 단위의 소비가 주는 만족도가 상품가격가 같아지는 수준에서 구입량을 결정할 것이다. 왜냐하면 만일 10번째 사과의 소비 만족도가 900원으로 가격보다 적다면 이 소비자는 9개까지만 소비하려 할 것이고 반대로 10번째 사과의 소비만족도가 1100원이고 11번째가 1000원이라면 사과를 11개까지 사려할 것이기 때문이다.

그림 3 11 소비자잉여

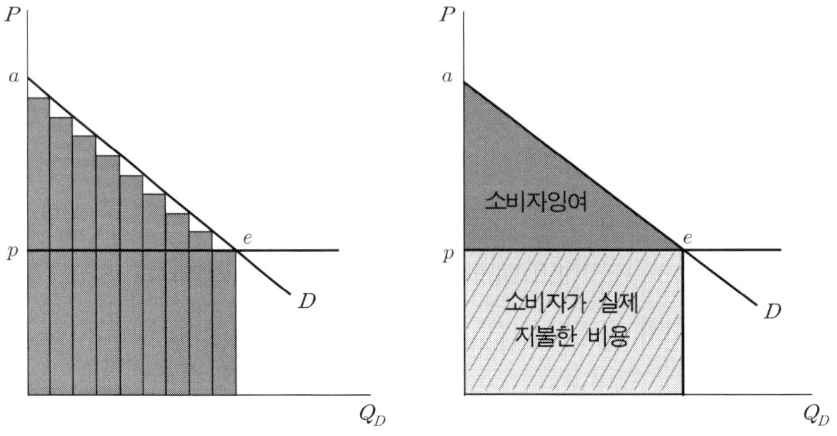

(2) 생산자잉여와 순사회편익(生产者剩余与纯社会收益)

생산자도 소비자와 마찬가지로 시장에서 거래를 통해 이득을 얻게 되는데, 이를 생산자잉여(producer surplus, 生产者剩余)라 한다. 즉 생산자가 물건을 파고 얻는 수입은 생산자가 최소한 받아야겠다고 생각하는 금액을 초과하는데, 이때 상품을 판매하고 실제로 받은 금액이 최소한 받아야 하겠다고 생각하는 금액을 초과하는 부분이 생산자잉여이다. <그림 3-12>에서 삼각형 $\triangle peb$의 면적이 바로 생산자잉여이다.

그림 3 12 생산자잉여

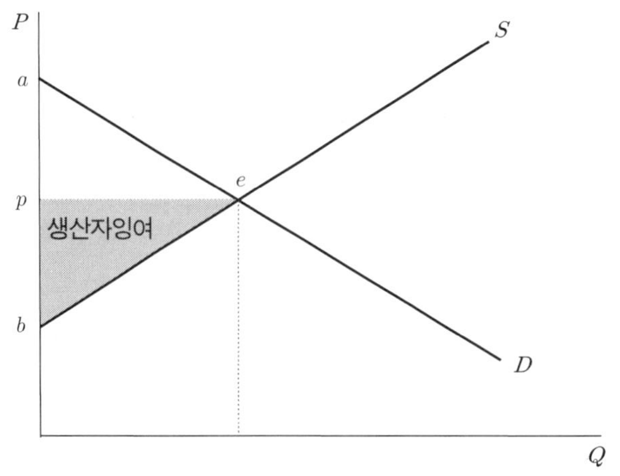

이상에서처럼 소비자와 생산자는 시장에서 상품의 교환을 통해서 소비자는 소비자대로, 생산자는 생산자대로 모두 이득을 얻게 된다. 사회 전체의 관점에서 소비자잉여와 생산자잉여를 합친 것과 같은 사회 후생이 증가되며, 이를 교환에서 나오는 순사회편익(net social benefit, 纯社会收益)이라 한다. 이같은 순사회편익은 자유로운 교환이 이루어질 때 극대화된다. <그림 3-12>에서 사과가 자유롭게 교환된다면 e점에서 균형 달성되며, 이 때의 순사회편익은 삼각형 $\triangle abe$ 면적으로 최대가 된다. 반면 가격상한제와 같은 가격규제가 실시되면 사회적 편익은 축소된다.

좀더알아보기

경제를 알기 위한 분석도구, 수요곡선과 공급곡선

앵무새에게 '수요'와 '공급'을 읊조리도록 가르치면 또 한명의 경제학자가 배출된다는 우스갯소리가 있습니다. 경제를 이해하는 데는 수요와 공급에 대한 이해가 그만큼 필수적이라는 이야기일 것입니다. 수요와 공급은 머릿속에 금방 뚜렷하게 떠오르지 않는 추상적인 개념이라고 할 수 있으나 수요곡선과 공급곡선의 형태를 그래프로 그려보면 개념을 보다 명확히 알 수 있습니다.

우선 수요곡선은 가격에 대응하는 수요량을 표시한 것입니다. 사고자 하는 상품의 가격이 비싸지면 덜 사려 할 것이고 싸지면 많이 사려 할 것임은 일상생활에 비추어서 충분히 상상할 수 있고 이것이 사실입니다. 돼지고기 1kg의 가격이 5,000원일 때 사회 전체적으로 100kg의 돼지고기를 수요하고 다른 조건은 모두 같은데 가격만 1만 원으로 오르면 50kg을 수요한다고 합시다. 이 외에도 여러 가지의 가격에 대응하는 수요량을 찾을 수 있습니다. 이 점들을 이으면 그림1과 같은 돼지고기 수요곡선을 그릴 수 있습니다. 공급곡선도 같은 방식에 의해 그릴 수 있습니다. 돼지고기 1kg의 가격이 5,000원일 때 사회 전체적으로 50kg의 돼지고기를 공급하고 1만 원일 때 100kg을 공급한다고 하면 그림 2와 같은 돼지고기 공급곡선을 구할 수 있습니다.

[그림1]

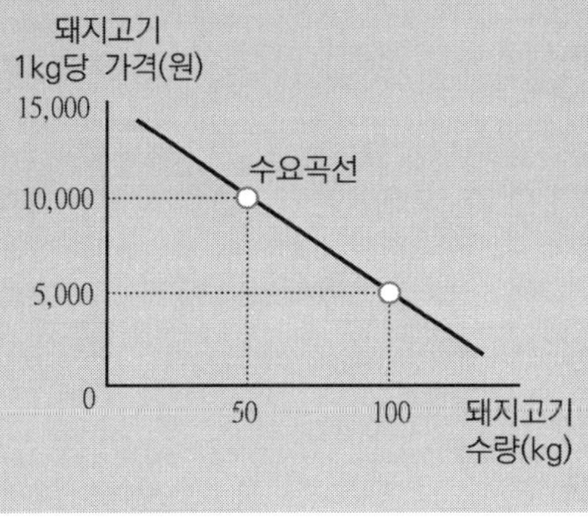

[그림2]

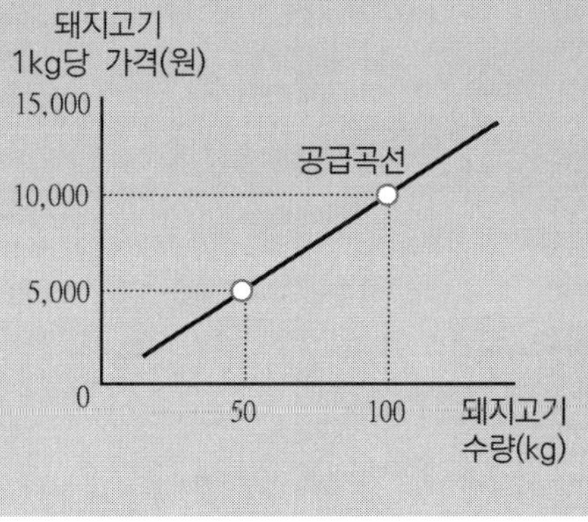

이제 두 개의 곡선을 합쳐서 보면 그림 3과 같이 돼지고기 1㎏당 7,500원이라는 균형가격과 75㎏이라는 균형거래량이 결정되는 것을 알 수 있습니다.

[그림3]

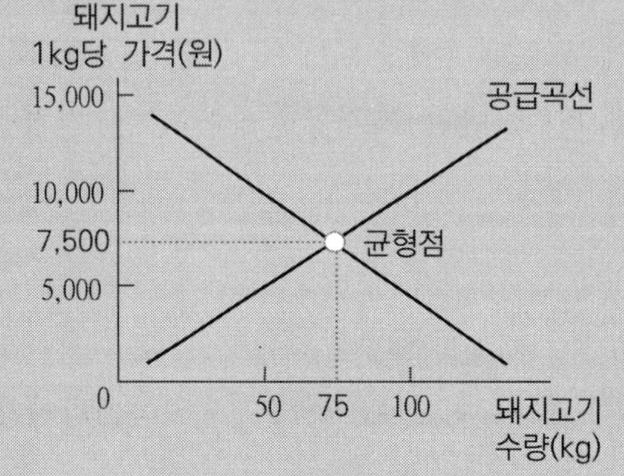

자! 여기까지 읽으신 여러분들은 이제 경제학자가 되었습니다.

Chapter 03 연습문제(练习问题)

1. 수요 · 공급과 관련하여 틀린 것은?

① 공급이란 생산자(기업)가 특정 재화를 판매코자 하는 욕구를 나타낸다.
② 공급량의 변화란 주어진 공급곡선 상에서의 이동을 나타낸다.
③ 수요는 소비자가 특정재화를 구매한 양을 말한다.
④ 수요는 소비자가 특정 재화를 구매하고자하는 욕구를 말한다.
⑤ 수요량이라 함은 소비자가 특정재화를 구매하고자 하는 양을 말한다.

수요와 수요량, 공급과 공급량 등의 개념은 모두 특정 재화의 구매나 판매를 하고자 하는 욕구나 의도된 양으로서 '사전적 개념'이다. 공급량의 변하란 주어진 공급곡선상의 이동을 의미하고 공급의 변화란 공급곡선자체의 이동을 의미한다.

2. 다음 중 X재와 Y재의 균형소비량을 구하는데 필요한 정보가 아닌 것은? 94 CPA

① X재의 가격
② Y재의 가격
③ 소비자의 소득
④ 소비자의 X재와 Y재에 대한 선호도
⑤ X재와 Y재의 산출량

어떤 재화의 균형수급량(소비량, 공급량)을 결정하기 위해서는 수요와 공급에 영향을 미치는 요인들을 알아야만 한다. 그중 수요에 영향을 미치는 요인들은 해당 재화의 가격, 다른 재화의 가격, 소득, 인구, 기호, 예상 등이다.

3. 가격이 상승하면 수요가 증가하는 재화는?

① 기펜재
② 열등재
③ 대체재
④ 보완재
⑤ 우등재

수요의 법칙은 가격과 수요량의 반비례 관계를 의미한다. 그러나 이 수요의 법칙에는 예외가 있다. 기펜재의 경우 그 가격과 수요량 사이에는 비례관계가 성립하는데 가격이 하락하는 경우 수요량이 감소하고, 가격이 상승함에 따라 수요량이 증가한다. 가격변화에 따른 소득효과가 대체효과를 상회하는 특수한 경우이다.

4. $Q_D = 5{,}000 - 1{,}000P$의 수요함수에서 가격(P)이 2이면 수요량(Q_D)은 얼마인가?

① 3,000　② 2,000　③ 1,000
④ 500　⑤ 0

수요함수는 어떤 재화의 수요량과 이에 영향을 미치는 해당 재화의 가격, 기타 여러 요인들과의 대응관계를 나타낸 것이다.

5. X재와 Y재가 서로 보완재의 관계에 있을 때 다음 설명 중 옳지 않은 것은?

① 커피와 프림의 경우가 대표적인 경우이다
② X재와 Y재를 각각 소비하는 경우의 효용보다 함께 소비하는 경우의 효용이 크다.
③ X재 가격이 하락하면 Y재 가격은 하락한다.
④ X재가격이 상승하면 Y재 수요는 감소한다.
⑤ X재 가격이 하락하면 Y재 수요는 상승한다.

보완재 관계에 있는 두 재화란 커피와 프림, 펜과 잉크처럼 두재화를 각각 소비하는 것보다 함께 소비할 경우 소비자의 효용이 더 커지는 재화를 말한다. 두 재화가 보완재관계에 있을 때 한 재화(커피)의 가격이 하락하면 그 재화(커피)의 수요량이 증가하고, 일반적으로 타재화(프림)의 수요량도 증가하게 되므로 이 때 타재화(프림)의 가격은 상승한다.(수욕곡선의 우측이동)

6. 수요를 증대(변화 shift)시키는 요인이 아닌 것은?

① 소득의 증대　② 부의 증대　③ 예상가격의 상승
④ 소비자선호의 증대　⑤ 가격의 하락

수요량의 변화는 해당 상품의 가격변화에 따른 수요량의 변화이며 수요곡선 위의 이동으로 나타난다. 반면 해당 재화의 가격이외의 다른 요인의 변화는 수요의 변화 즉 수요곡선 자체의 이동을 가져온다.

7. 특정재화의 공급을 결정하는 요인 중 틀린 것은?

① 그 재화의 시장가격의 변화　② 소득분배의 변화
③ 기술수준의 변화　④ 생산요소가격의 변화
⑤ 그 재화와 관련이 있는 다른 재화의 가격변화

공급함수에 있어서 공급에 영향을 미치는 요인에는 다음과 같다. 해당상품의 가격변화, 다른 재화의 가격변화, 생산요소가격의 변호, 생산기술수준의 변화, 기업가의 예상(기대), 기업의 목표 등

8. X상품에 대한 개개인의 수요함수가 $Q_D = 12 - 2P_X$로 동일한 소비자가 10,000명이 있다. 또 이 상품의 공급자는 1,000명이 있는데 이들 각 공급자의 공급함수는 $Q_S = 20P_X$이다. 이 시장에서 X 상품의 균형가격(P)과 균형수량(Q)의 값은 얼마인가?

① $P = 0.55,\ Q = 109{,}000$
② $P = 3,\ Q = 60{,}000$
③ $P = 3.5,\ Q = 70{,}000$
④ $P = 6.67,\ Q = 133{,}400$
⑤ $P = 0.54,\ Q = 110{,}000$

시장수요(공급)함수 : 개별 수요(공급)함수가 동일할 경우 그 수평적 합계, 즉 수요(공급)함수 × 수요(공급)자수이다. 시장의 균형가격과 균형수량은 시장수요와 시장공급이 일치하는 수준에서 결정된다.

9. 수요곡선과 공급곡선이 둘다 아래 방향으로 이동할 때의 결과로 옳은 것은? 95 사법고시

① 가격은 하락하고 거래량은 증가 또는 감소
② 거래량이 감소하고 가격은 상승
③ 가격은 하락하고 거래량은 증가
④ 거래량은 감소하고 가격은 상승 또는 하락
⑤ 거래량은 감소하고 가격은 하락

수요곡선과 공급곡선이 모두 하방 이동하면 가격은 하락하지만 두 곡선의 변동폭에 따라 거래량은 증가하거나 감소한다.

10. 공급과 수요 양자가 증가할 때 다음 중 어느 것은 발생하지 않는가?

① 가격상승
② 가격하락
③ 가격의 불변
④ 판매량의 감소
⑤ 판매량의 증가

수요와 공급이 모두 증가할 경우 판매량은 반드시 증가하지만 가격은 수요와 공급의 상호증가의 폭이 어느 정도냐에 따라 상승하거나 불변이거나 하락하게 된다.

11. 다음 중 시장의 기능에 속하지 않는 것은?

① 가격의 설정 ② 초과수요의 제거
③ 재화와 용역의 교환 ④ 공공재의 최적공급
⑤ 자원의 배분

시장의 기능은 자원배분의 효율성, 재화와 서비스의 교환, 가격의 결정, 초과수요와 같은 시장불균형의 제거 등이다.

12. 소비자잉여에 관한 설명 중 옳은 것은?

① 사치재 소비로 인한 이익
② 소득의 증가로 인한 만족감의 증가
③ 필요불가결한 소비재를 구매하고 남은 저축가능한 소득
④ 기꺼이 지출하고자 하는 금액과 실제로 지불한 금액의 차이
⑤ 한계효용극대를 초과하는 부분

소비자잉여란 ① 소비자가 어떤 재화를 얻기 위해서 지불할 용의가 있는 가격이 그가 실제로 지불하는 가격을 초과하는 부분, ② 수요가격과 시장가격의 차이, ③ 재화를 소비했을 때 얻는 효용과 그 재화를 구입하기 위해 실제 지불한 화폐금액의 차이를 나타낸다.

13. 그림에서 소비자잉여와 생산자잉여를 가리키는 부분은? 95 사법고시

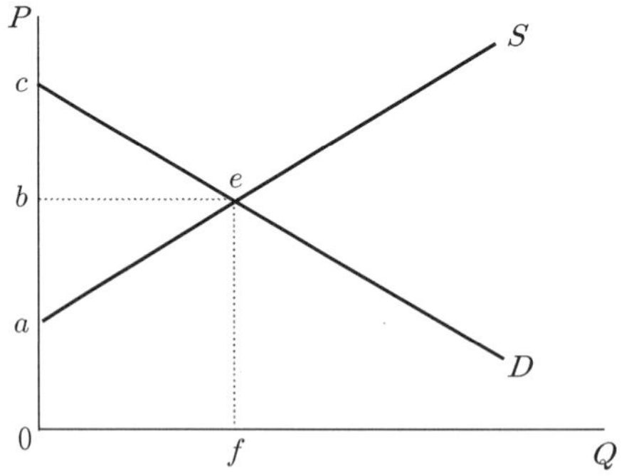

① abc, ace ② bce, abe ③ abe, bce
④ abe, $c0fe$ ⑤ bce, $c0fe$

소비자잉여와 생산자잉여의 합이 교환에서 나오는 순사회편익(net social benefit)이 되며 이는 자유로운 교환이 이루어질 때 극대화된다.

Chapter 04 수요·공급의 탄력성

需求及供給弾性

- 수요의 가격탄력성
- 수요의 소득탄력성
- 수요의 교차탄력성
- 공급의 가격탄력성
- 정상재(필수재, 사치재), 중립재, 하급재
- 대체재, 독립재, 보완재

Summary

① 어떤 상품의 가격이 변화할 때 이에 대응하여 수요 · 공급량이 구체적으로 얼마만큼 변화하는가 하는 구체적인 크기를 측정하는 탄력성 개념을 배움
② 수요의 가격탄력성 : 점탄력성, 호탄력성
③ 수요곡선과 가격탄력성 : 수요가격탄력성이 동일한 경우
④ 수요의 가격탄력성의 결정요인
⑤ 가격탄력성과 판매수입과의 관계
⑥ 수요의 소득탄력성과 교차탄력성의 개념
⑦ 공급의 가격탄력성
⑧ 공급곡선과 가격탄력성
⑨ 공급의 가격탄력성의 결정요인

4.1 수요의 탄력성
需求弹性

(1) 수요의 가격탄력성(price elasticity of demand, 需求价格弹性)

1) 정의(定义)

탄력성(elasticity, 弹性)이란 원래 물리학에서 사용되는 개념으로 어떤 충격에 대해 반응하는 정도를 나타낸다. 즉 어떤 독립적인 변수가 1% 변화할 때 그의 종속적인 변수가 몇 %나 변하는가를 나타낸다. 경제학에서는 수요, 공급, 가격과 소득 등에 이 탄력성 개념을 적용하여 경제현상을 설명하고 있다.

수요의 가격탄력성은 가격변화율에 대한 수요량의 변화율을 나타낸다. 즉 가격이 1% 변화할 때 수요량이 몇 % 변화하는가를 나타낸다.

$$\text{수요의 가격탄력성}(\varepsilon_d) = -\frac{\text{수요의 변화율(\%)}}{\text{가격의 변화율(\%)}}$$

$$= -\frac{\Delta Q^D / Q^D}{\Delta P / P} = -\frac{\Delta Q^D}{\Delta P} \cdot \frac{P}{Q^D}$$

일반적으로 가격변화와 수요량변화는 반대방향으로 움직이므로 원래 수요의 가격탄력성은 음(−)의 값을 갖는데 분석의 편의상 이를 양(+)의 값으로 바꿔주기 위해 마이너스 부호를 붙인다.

예 $\varepsilon_d = 2\%$ 인 경우에 가격이 1% 증가(감소)할 때 수요량은 2% 감소(증가)한다는 것을 의미한다.

탄력성의 크기는 반응하는 방향(+, −)을 통해서 양자간의 관계(正, 負)를 알 수 있으며, 또 그 값의 크기에 따라서 충격을 주는 쪽(독립변수)과 반응하는 쪽(종속변수)의 변화율을 비교하여 같은 경우를 단위탄력적(unit elastic, 单位弹性的)이라고 하고 반응하는 쪽의 변화율이 더 크면 탄력적(elastic, 弹性的), 작으면 비탄력적(inelastic, 非弹性的)이라고 한다.

2) 수요의 점탄력성(需求的点弹性)

수요의 점탄력성은 수요곡선상의 한 점에서의 탄력성을 말한다. 점탄력성은 호탄력성의 극한개념이다. 즉 가격변화분이 아주 미소할 때 수요의 탄력성을 측정하는 개념이다. 즉 가격이 미소하게 변할 때 순간적인 수요량의 탄력성이며 호탄력성의 두점을 한없이 가깝게 접근시켜 계산한 탄력성이다.

$$\text{정의 : } \varepsilon_d = -\frac{dQ^D/Q^D}{dP/P} = -\frac{dQ^D}{dP} \cdot \frac{P}{Q^D}$$

여기서 dQ^D/dP는 수요곡선상의 어떤 한 점에서 가격의 미분값에 대한 수요량의 미분값이다. 즉 가격이 미소하게 변할 때의 순간적인 수요량의 변화분을 나타낸다. 그림상으로는 수요곡선의 기울기로 나타난다.

$$\frac{dQ^D}{dP} = \lim_{\Delta P \to 0} \frac{\Delta Q^D}{\Delta P}$$

수요의 점탄력도는 통상 수요곡선상의 위치에 따라 다르다. 다음과 같은 직선형태의 수요곡선상에서 탄력성은 위치에 따라 다르다.

그림 4 1 수요의 점탄력성

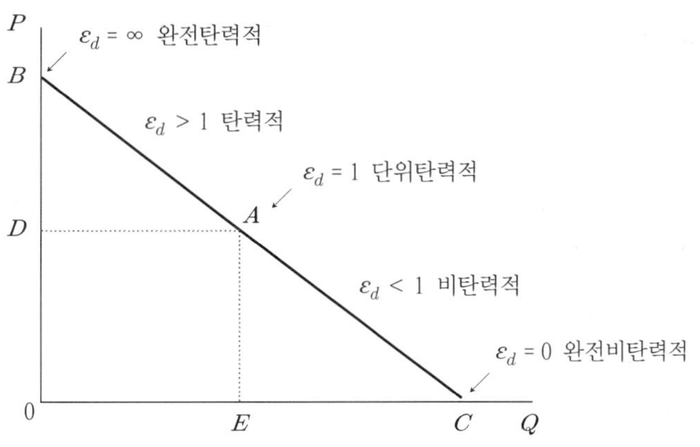

■ *A* 점에서의 탄력성

$$\varepsilon_d = -\frac{dQ^D/Q^D}{dP/P} = -\frac{dQ^D}{dP}\cdot\frac{P}{Q^D} = -\left[\frac{EC}{AE}\cdot\frac{AE}{0E}\right] = -\frac{EC}{0E}$$

수요의 가격탄력성이 동일한 경우는 다음과 같다.

① 수요곡선이 수직인 경우($\varepsilon_d = 0$)

② 수평인 경우($\varepsilon_d = \infty$)

③ 직각쌍곡선인 경우($\varepsilon_d = 1$) (직각쌍곡선 : 각점이 만들어내는 아래 면적이 항상 같은 곡선)

그림 4 2 수요곡선과 가격탄력성

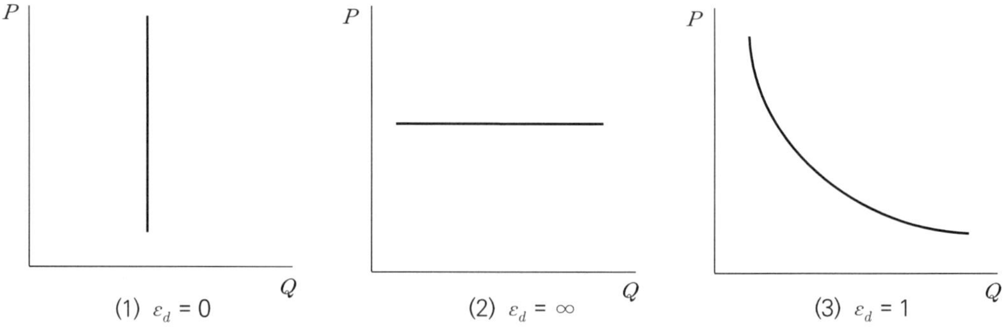

3) 수요의 가격탄력성을 결정하는 요인(需求弹性的决定要因)

① 대체재(substitution goods, 替代品)의 유무 : 어떤 재화에 밀접한 대체재가 존재할 때 탄력성은 커진다.

예 콜라와 사이다

② 상품의 가격이 가계소득(家庭收入)에서 차지하는 비중 : 가계소득에서 차지하는 비중이 클수록 탄력성은 커진다.

예 500만원짜리 피아노 가격의 10% 상승 시 50만원 가계부담. 신문 구독료 6000원은 600원 부담일 뿐

③ 재화의 성격(物品性质) : 생필품은 비탄력적, 사치품은 탄력적 → 생필품의 경우 일정수준이하로 줄이기가 힘들다.

④ 기간의 장단(时间长短) : 단기적인 재화의 수요는 비탄력적, 장기적일수록 탄력적이다.

예 석유가격 인상 : 단기적으로는 큰 변화 없다. 그러나 장기적으로는 대체에너지에 대한 수요증가를 가져와 변화정도가 커진다.

표 4 1 수요의 가격탄력성의 결정요인

요 인	내 용
상호 밀접한 대체재의 존재	대체재가 많을수록 수요의 탄력성이 크고 적을수록 작음
재화의 가격이 소득에서 차지하는 비중	비중이 크면 탄력적, 작으면 비탄력적
재화의 성격	생필품은 비탄력적, 사치품은 탄력적
가격변화에 적응하는 기간	장기이면 탄력적, 단기이면 비탄력적

읽을거리 : 불황 땐 신사복 매출이 가장 먼저 준다?

‘불황기에 신사복 매출이 가장 먼저 줄어든다.’, ‘불황에는 립스틱 매출이 호조를 보인다.’ 이처럼 경기와 패션제품 매출과 관련한 각종 속설이 업계에 널리 퍼져 있다. 하지만 이런 속설에 대한 정확한 근거는 거의 없으며 오히려 이런 속설과 반대되는 통계자료들이 나오기도 한다.

‘불황에는 신사복 매출이 가장 먼저 줄어든다.’는 속설은 경기나 나빠지면 일반 가정에서는 여성에 비해 옷차림에 신경을 덜 쓰는 남성의 옷 소비부터 가장 먼저 줄이기 때문이라는 데 근거하고 있다. 이와 관련해 신사복 매출은 주가와 연동한다는 백화점 측의 매출 자료가 나온 적도 있다. 하지만 전체 신사복 시장 규모를 분석한 자료들을 보면 이런 속설과 반대되는 결과가 나오는 것을 볼 수 있다. 섬유컨설팅 전문 업체인 ㅇㅇ는 경기변동에 가장 민감하게 반응하는 복종은 여성복이며 신사복의 민감도는 5개 복종 중 4위로 상대적으로 덜 민감하게 반응한다고 분석하고 있다.

자료에 따르면 경제성장률이 －6.7%에서 10.9%로 급격하게 변동했던 1998년과 1999년 여성복 시장의 성장률은 -33.3%에서 22.6%로 급변, 55.9%포인트의 변동 폭을 기록했다. 이어 캐주얼, 스포츠 의류와 내의가 각각 48.6%포인트, 37.6%포인트의 변동 폭으로 뒤를 이었고, 신사복은 35.3%포인트를 기록해 앞의 세 복종에 비해서는 상대적으로 경기에 덜 민감하게 반응한 것으로 나타났다.

업계 관계자들은 이에 대해 여성복은 사치재로의 성격이 강해 경기변동에 매우 민감하게 반응하지만 남성복은 필수재로의 성격이 강해 경기변동에 영향을 크게 받지 않는다는 분석을 내리고 있다. 한국섬유산업연합회가 최근 발간한 ‘2021년도 상반기 의류소비실태’ 자료에서도 불경기였던 올 상반기 여성복 시장은 작년 동기에 비해 18.7% 감소한 반면 남성복의 경우 35.9%나 증가해 속설과 정 반대의 결과가 나왔다. 섬유산업연합회 관계자는 이에 대해 “최근 남성들 사이에 꽃미남 열풍과 함께 옷차림 등 외모가 경쟁력이라는 인식이 확산되면서 불경기임에도 불구하고 남성복 시장이 크게 확대된 것으로 보고 있다”고 밀했다.

〈자료: 새한 전자사보 19호〉

4) 가격탄력성과 총수익(价格弹性与总收益)

수요의 가격탄력성이 1보다 큰지 작은지에 따라 탄력적(elastic, 弹性的) 혹은 비탄력적(inelastic, 缺乏弹性的) 수요로 나눠진다. 수요의 가격탄력성은 기업의 수입과 직결된다. 만일 생산하는 제품이 수요의 가격탄력성이 1보다 커서 탄력적인 경우에는 기업이 가격을 인상시키면 총수입이 감소하고, 가격을 인하하면 총수입은 증가된다. 반대로 수요의 가격탄력성이 1보다 작아서 비탄력적인 경우에는 가격을 인상시키면 총수입이 증가하고, 가격을 내리면 총수입은 감소된다. 한편 수요의 가격탄력성이 정확히 1인 단위탄력적인 경우에는 가격이 변화하더라도 총수입에는 변화가 없다.

소비자의 총수익(total revenue, 总收益)은 재화의 가격과 수요량을 곱한 값이다.

❖ 총수익과 수요의 가격탄력성

총수익은 가격탄력성의 크기에 따라 달라진다.

$$\text{소비자의 총수익(판매수입)}: E = \text{가격}(P) \times \text{수요량}(Q)$$

수요가 탄력적이면 가격이 내려갈 때 판매수입 증가하고, 반면 수요가 비탄력적이면 가격이 내려갈 때 판매수입은 감소하게 된다. 가격탄력성이 1의 값을 가질 경우(단위탄력적 수요, 单位弹性的需求)에는 총수입에 아무 변화도 생기지 않는다.

표 4 2 가격탄력성과 소비자의 총지출액(기업의 총수익 = 판매수입)

수요의 가격탄력성	소비자의 총지출액(= 기업의 총수익)	
	가격인상시	가격인하시
$\varepsilon_p > 1$	감 소	증 가
$\varepsilon_p = 1$	불 변	불 변
$0 < \varepsilon_p < 1$	증 가	감 소

신문기사로 본 생활경제 〈자료 : 한국경제신문, 2020년 8월 3일〉

담뱃값 인상, 경제효과도 높다

담배 가격을 올리면 담배의 수요가 줄어든다. 모든 재화는 가격이 인상되면 소비는 줄어들고 가격이 인하되면 소비는 늘어나게 된다. 담배 가격을 인상하면 소비가 줄어드는 것은 기정사실이다. 문제는 얼마나 줄어들 것인가이다. 담배 가격을 인상하면 담배 소비가 얼마나 줄어들 것인가. 이를 확인할 수 있는 경제지표가 담배 수요의 가격탄력성이다. 우리나라 담배 수요의 가격탄력성은 0.3에서 0.7 사이로 추정되고 있다. 이는 담배 가격을 10% 인상할 경우 담배 소비량은 3%에서 7%까지 줄어들 수 있음을 의미하는 과학적 근거이다.

(중략)

담배 가격을 인상하면 담배회사의 판매수입이 늘어나게 된다. 담배 가격 인상으로 인한 소비 감소의 비율이 담배 가격 인상비율보다 낮기 때문이다. 담배 가격의 인상은 담배 소비의 감소를 유발시키며 그 결과 국민건강의 증진에 기여하게 된다. 또 담배 가격 인상이 조세부과를 통하여 이루어질 경우 해당 부서의 조세 수입을 증대시켜 국민건강증진을 위한 재원의 확보를 가능하게 한다. 담배를 공급 판매하는 담배인삼공사 및 수입담배 회사들의 판매수입도 증대시킨다.

(2) 수요의 소득탄력성(需求的收入弹性)

1) 정의(定义)

수요의 소득탄력성(income elasticity of demand, 需求收入弹性)은 소득변화율에 대한 수요량의 변화율의 비율로 정의된다. 즉 소비자의 소득의 변화가 그 상품의 수요량에 어느 정도 영향을 미치는지를 측정하는 개념이다.

$$\text{수요의 소득탄력성}(\varepsilon_I) = \frac{\text{수요의 변화율}(\%)}{\text{소득의 변화율}(\%)}$$

$$= \frac{\Delta Q^D / Q^D}{\Delta I / I} = \frac{\Delta Q^D}{\Delta I} \cdot \frac{I}{Q^D}$$

2) 수요의 소득탄력성과 재화의 분류(需求的收入弹性与物品性质)

소비자의 소득이 증가할 때 해당 재화에 대한 수요가 이전보다 늘어나는 재화, 즉 소득탄력성이 양(+)의 값을 갖는 재화를 정상재(normal goods, 正常物品)라 하고 반대로 소득이 증가할 때 수요량이 감소하는 재화, 소득탄력성이 음(-)인 경우를 열등재(inferior goods, 抵挡物品)라 한다. 대표적인 예로 쌀과 보리를 들 수 있다. 옛날에 소득이 낮을 때는 보리밥을 주로 먹었으나 소득이 늘어나면서 이제는 식감이 좋은 쌀밥을 많이 먹게 되었다. 따라서 보리는 열등재, 쌀은 정상재 혹은 우등재라 할 수 있다. 그 밖에 버터와 마아가린, 쇠고기와 돼지고기 등이 여기에 해당된다.

정상재는 다시 필수재와 사치재로 나눌 수 있다. 소득의 증가율보다 수요의 증가율이 낮은 경우 즉 비탄력적인 경우를 필수재라 한다. 우리가 소득이 배로 늘었다하더라도 한 공기 먹던 쌀밥을 두 공기씩 먹지는 않는 것과 마찬가지로 생활필수품과 같은 필수재는 없어서는 안되지만 그렇다고 너무 많이 수요할 필요가 없기 때문이다. 사치재는 소득이 줄어들 때 수요가 소득의 감소율보다 더 크게 감소한다.

표 4 3 소득탄력성과 재화의 종류

소득탄력성의 크기		재화의 종류	
$\varepsilon_I > 0$	$1 > \varepsilon_I > 0$	상급재 (우등재, 정상재)	필수재
	$\varepsilon_I > 1$		사치재
$\varepsilon_I = 0$		중립재	
$\varepsilon_I < 0$		하급재(열등재)	

(3) 수요의 교차탄력성(需求的交叉弹性)

1) 정의(定义)

수요의 교차탄력성(cross-elasticity of demand, 需求的交叉弹性)은 관련 상품의 가격변화율에 대한 어떤 상품의 수요량변화율의 비율로 정의된다. 즉 한 상품의 가격변화가 다른 상품의 수요량에 어떤 변화를 미치는지를 측정하는 개념이다.

$$\text{수요의 교차탄력성}(\varepsilon_{XY}) = \frac{X\text{재의 수요량의 변화율(\%)}}{Y\text{재의 가격변화율(\%)}}$$

$$= \frac{\Delta Q_X / Q_X}{\Delta P_Y / P_Y} = \frac{\Delta Q_X}{\Delta P_Y} \cdot \frac{P_Y}{Q_X}$$

2) 수요의 교차탄력성과 재화의 분류(需求的交叉弹性与物品性质)

수요의 교차탄력성의 값이 0보다 큰 양(+)의 값을 갖는다면 두 재화간의 관계는 대체적인 관계에 있고, 반대로 0보다 적은 음(-)의 값을 가진다면 두 재화간에는 보완재적인 관계가 성립한다.

예를 들면 커피의 가격이 오르면 커피에 넣어 먹는 프림의 수요가 줄어든다. 즉 커피 가격에 대한 프림수요의 교차탄력성은 음(-)의 값을 갖는다. 이러한 경우를 보완재(complement goods, 互补品)라 한다. 이와는 반대의 경우로서 콜라의 가격이 상승하면 사이다의 수요는 늘어나서 교차탄력성의 값이 양(+)이 되는 경우를 우리는 대체재(substitution goods, 替代品) 관계라 부른다. 한편 우유와 카메라 처럼 아무런 상관관계가 없는 경우 교차탄력성은 0이 되며 이를 독립재(independant, 独立品)라 한다.

표 4 4 수요의 교차탄력성과 재화의 분류

교차탄력성의 값	재화의 종류	예
$\varepsilon_{XY} = \infty$	완전대체재	검정 볼펜과 파란 볼펜
$\infty > \varepsilon_{XY} > 0$	대체재	콜라와 사이다
$\varepsilon_{XY} = 0$	독립재	우유와 카메라
$0 > \varepsilon_{XY} > -\infty$	보완재	카메라와 필름, 커피와 프림
$\varepsilon_{XY} = -\infty$	완전보완재	왼쪽신발과 오른쪽 신발

신문기사로 본 생활경제 〈자료: 한국일보, 2018년 4월 15일〉

닭·오리고기 매출 뚝... 돼지고기·유기농 제품은 반사이익

국내 식품 · 유통업계가 조류독감(AI) 불똥을 맞고 있다. 식품에서 불순물이 잇따라 발견되어 홍역을 치른 데 이어 오뉴월 서리격인 AI까지 가세해 매출 타격이 만만치 않다. 반면 닭고기의 대체재인 돼지고기와 유기농, 웰빙 상품들은 반사이익을 얻고 있다. 업계에 따르면 4월 둘째 주의 A마트 닭고기 매출이 전주에 비해 25% 가량 급감했으며, 오리와 계란도 각각 10%와 5%줄었다. 반면 A마트의 돼지고기 매출액은 같은 기간 전년 동비 대비 20% 가량 증가했고, B마트의 유기농 파이 제품의 매출은 12~20% 늘었다. (중략)

업계 관계자는 "닭고기를 선호하는 젊은 세대들이 자주 찾는 학교와 학원가 주변의 치킨 제품 매출이 급감하고 있다"며 "요즘 식품위생 문제가 핫이슈가 되다 보니 값이 조금 비싸더라도 안심하고 먹을 수 있는 유기농과 웰빙 제품을 많이 찾는다"고 설명했다. (이하 생략)

4.2 공급의 탄력성
供给弹性

(1) 정의(定义)

공급의 탄력성은 그 재화의 가격변화의 정도에 대한 공급변화의 정도를 비율로써 나타낸 것이다. 수요의 경우와 달리 공급의 경우에는 탄력성이란 공급의 가격탄력성만을 사용하고 다른 종류의 공급탄력성은 사용되지 않는다.

$$\varepsilon_s = \frac{dQ^s/Q^s}{dP/P} = \frac{dQ^s}{dP} \cdot \frac{P}{Q^s}$$

(2) 공급탄력성의 크기(供給弾性的大小)

$$\varepsilon_s = \frac{dQ^s/Q^s}{dP/P} = \frac{dQ^s}{dP}\cdot\frac{P}{Q^s} = \left[\frac{CB}{AB}\cdot\frac{AB}{0B}\right] = \frac{CB}{0B}$$

그림 4 3 공급탄력성의 크기

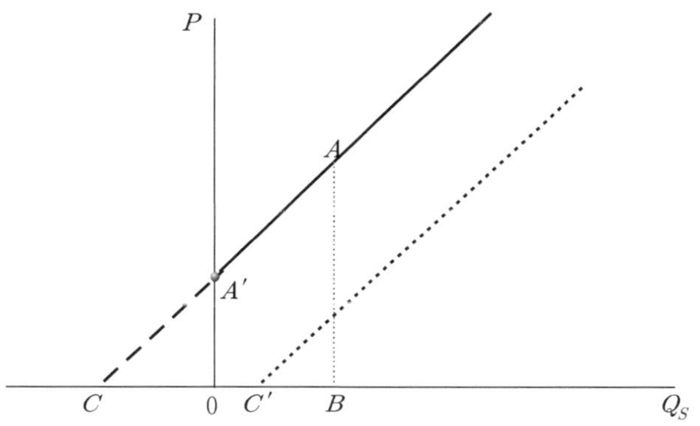

공급곡선이 종축을 통과하면 공급곡선의 탄력성은 탄력적($\varepsilon_s > 1$)

공급곡선이 횡축을 통과하면 공급곡선은 비탄력적($\varepsilon_s < 1$)

(3) 공급의 가격탄력성이 동일한 경우(供給弾性是同一的)

그림 4 4 공급곡선과 공급가격탄력성

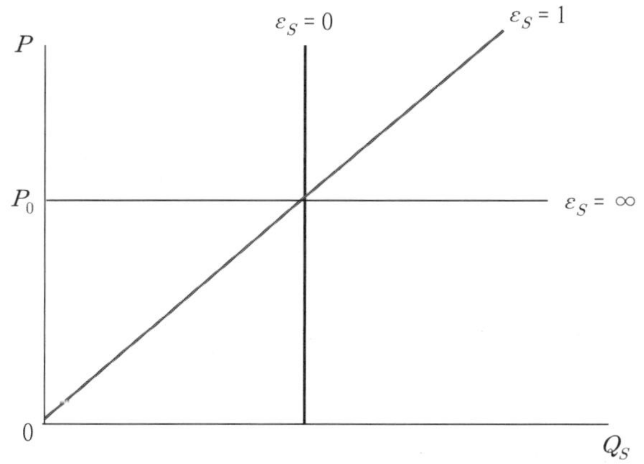

(4) 비선형의 공급곡선의 탄력성(非线性供给曲线的弹性)

그림 4 5 비선형 공급곡선의 탄력성

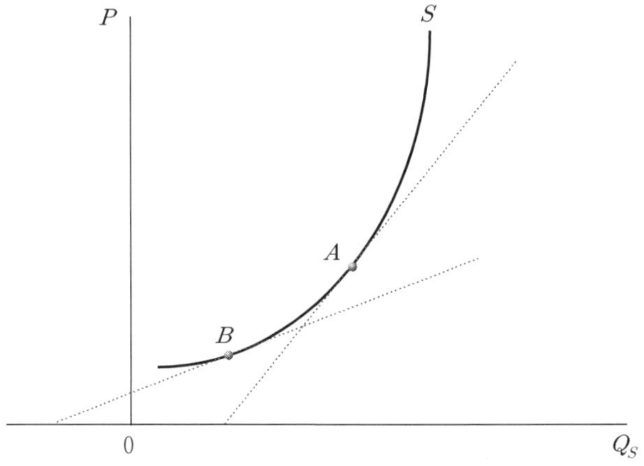

비선형 공급곡선상의 한 점에서의 탄력성을 구하는 방법은 <그림 4-5>에서와 같이 구하고자 하는 공급곡선상의 접선을 그어 측정하면 된다. 접선의 공급곡선이 종축을 통과하면 공급곡선의 탄력성은 탄력적($\varepsilon_S > 1$)이고, 공급곡선이 횡축을 통과하면 공급곡선은 비탄력적($\varepsilon_S < 1$)이 된다.

(5) 공급탄력성의 결정요인(供给弹性的决定因素)

① 생산비의 변화정도 : 생산량의 증가 시 생산비가 급격히 증가되는 상품의 공급탄력성은 비탄력적이다.

② 기술수준의 정도 : 기술진보가 빠른 상품의 경우 생산량증대에 따른 생산비 상승 정도가 완만해지고 이에 따라 탄력성도 크다.

③ 재화의 성격 : 장기보관이 불가능한 재화의 경우 공급이 비탄력적이다.
예 채소나 과일

④ 기간의 장단 : 단기적으로는 가격변화에 따라 공급량을 민감하게 증감시키기는 어려우나 기간의 경과에 따라 생산요소의 이동이나 생산설비규모의 이동이 용이해져 공급탄력성이 커진다.

⑤ 유휴설비의 유무 : 유휴설비와 실업자가 많을수록 탄력적이다.

읽을거리 : 사치세는 누가 부담하는가?

1990년 미국 의회는 요트, 자가용 비행기, 모피, 보석, 고급승용차 등에 대해 부과하는 사치세를 채택하였다. 이 세금의 목적은 부담 능력이 가장 높은 사람들에게서 세금을 징수하자는 데 있었다. 앞에 열거한 사치품은 부자들만이 살 수 있으므로 이들 품목에 대한 과세는 부유층에 대해 과세하는 논리적인 방안으로 생각되었다.

그러나 수요 공급의 원리가 작동하여 나타난 결과는 의회의 의도와는 판이한 것이었다. 예를 들어 요트 시장을 생각해 보자.

요트에 대한 수요는 매우 탄력적이다. 백만장자들은 요트를 사는 대신 그 돈으로 더 큰 집을 사거나 유럽 여행을 하거나 자손들에게 더 많은 유산을 남겨줄 수 있기 때문이다. 반면에 요트의 공급은 비탄력적이다. 요트 공장을 다른 재화의 생산 공장으로 쉽게 변환할 수도 없고 요트 공장에서 일하는 근로자들이 시장여건의 변화에 대응하여 직업을 바꾼다는 것도 쉽지 않기 때문이다. 이러한 경우 조세의 귀착은 분명하게 예측할 수 있다. 수요가 탄력적이고 공급이 비탄력적이라면 세금부담은 주로 공급자에게 귀착된다. 즉 요트에 대한 세금은 주로 요트 제조업체와 그 근로자들이 부담하여 실제로는 세금만큼 요트 판매로 얻는 수입이 줄어드는 결과를 빚었다. 그러나 요트 제조업 근로자들은 부자가 아니다. 따라서 사치품에 대한 세금 부담이 부자들보다 오히려 중산층에게 전가된 것이다.

사치세가 시행된 이후 이 세금의 귀착에 대한 가정이 옳지 못했다는 사실이 분명해졌다. 사치품 공급업체들은 의회 의원들에게 자신들이 겪고 있는 경제적 어려움을 납득 시켰고 그 결과 의회는 1993년 대부분의 사치세를 폐지하였다.

〈자료: 맨큐, 김경환 외 공역, '맨큐의 경제학'〉

Chapter 04 연습문제(练习问题)

1. X재의 공급탄력성이 완전비탄력적인 경우에 X재에 대한 수요가 증가하면?

① 균형가격은 하락하지만 균형수급량은 증가한다.
② 균형가격은 상승하지만 균형수급량은 불변이다.
③ 균형가격과 균형수급량은 모드 감소한다.
④ 균형가격은 상승하지만 균형수급량은 감소한다.
⑤ 균형가격과 균형수급량은 증가한다.

공급탄력성이 완전비탄력적인 경우 공급곡선의 형태는 수직이 된다. 이때 수요가 증가하면 균형가격만 상승할 뿐, 균형수급량은 변화가 없게 된다.

2. 수요증대가 있더라도 다음의 어떤 경우에 가격이 오르지 않는가?

① 수요가 완전탄력적인 경우
② 수요의 소득탄력성이 큰 경우
③ 공급탄력성이 완전탄력적인 경우
④ 기펜재
⑤ 열등재의 경우

공급탄력성이 완전탄력적인 경우 공급곡선의 형태는 수평이 된다. 이때 수요가 증가하면 (균형)가격은 변화지 않고 균형수급량만 증대된다.

3. X재의 수요함수가 $Q_X = 100 - 2P_X$이고 $P_X = 30$일 때 X재화의 수요의 탄력성의 크기는?

① 탄력적
② 완전탄력적
③ 비탄력적
④ 완전비탄력적
⑤ 단위탄력적

수요의 가격탄력성은 가격변화율에 대한 수요량의 변화율을 나타낸다. 즉 가격이 1% 변화할 때 수요량이 몇 % 변화하는가를 나타낸다.

$$\varepsilon_d = -\frac{dQ^D/Q^D}{dP/P} = -\frac{dQ^D}{dP}\cdot\frac{P}{Q^D}$$

4. 수요의 가격탄력성이 3일 때 수요량이 15% 증가하기 위해서는?

① 가격이 15% 하락해야 한다.
② 가격이 10% 하락해야 한다.
③ 가격이 15% 상승해야 한다.
④ 가격이 10% 상승해야 한다.
⑤ 가격이 5% 하락해야 한다.

$$\varepsilon_d = -\frac{dQ^D/Q^D}{dP/P} = -\frac{dQ^D}{dP}\cdot\frac{P}{Q^D} = -\left[\frac{EC}{AE}\cdot\frac{AE}{0E}\right] = -\frac{EC}{0E}$$

5. X재에 대한 수요가 탄력적인 경우 X재에 대한 지출액에 관한 설명으로 옳은 것은? 99 감정평가사

① X재의 가격이 하락하면 X재에 대한 지출액이 하락한다.
② X재의 가격이 하락하면 X재에 대한 지출액이 상승한다.
③ X재의 가격이 상승하면 X재에 대한 지출액이 상승한다.
④ X재의 가격이 하락하면 X재에 대한 지출액이 불변이다.
⑤ X재의 가격이 상승하면 X재에 대한 지출액이 불변이다.

소비자의 총지출액(판매수입)은 재화의 가격과 수요량을 곱한 값이다. 소비자의 총지출액(판매수입) : E = 가격(P) × 수요량(Q). 판매수입은 가격탄력성의 크기에 따라 달라진다. 수요가 탄력적이면 가격이 내려갈 때 판매수입 증가하고, 반면 수요가 비탄력적이면 가격이 내려갈 때 판매수입은 감소하게 된다. 가격탄력성이 1의 값을 가질 경우에는 총수입에 아무 변화도 생기지 않는다.

6. 가격을 20% 낮추었더니 재화의 판매량이 30% 증가하였다. 다음 중 옳은 것은?

① 수요가 탄력적이다.
② 공급이 탄력적이다.
③ 수요가 단위탄력적이다.
④ 수요가 비탄력적이다.
⑤ 공급이 단위탄력적이다.

수요의 가격탄력성 $\varepsilon_d = \frac{\text{수요의 변화율}(\%)}{\text{가격의 변화율}(\%)} = -\frac{\Delta Q^D/Q^D}{\Delta P/P} = \frac{\Delta Q^D}{\Delta P}\cdot\frac{P}{Q^D}$. 수요의 가격단력성이 1보다 큰지 작은지에 따라 탄력적(elastic) 혹은 비탄력적(inelastic) 수요로 나눠진다.

7. 수요함수가 $P=-4Q+60$일 때 수요의 가격탄력성에 관한 옳은 설명은(단, P = 가격, Q = 수요량)?

95 사법고시

① 수요량이 10일 때 이 재화의 수요는 탄력적이다.
② 수요량이 5일 때 이 재화의 수요는 탄력적이다.
③ 수요량이 15일 때 이 재화의 수요는 무한탄력적이다.
④ 이 재화의 수요는 항상 탄력적이다.
⑤ 이 재화의 수요는 항상 비탄력적이다.

수요의 가격탄력성 $\varepsilon_d = \dfrac{\text{수요의 변화율(\%)}}{\text{가격의 변화율(\%)}} = -\dfrac{\Delta Q^D/Q^D}{\Delta P/P} = -\dfrac{\Delta Q^D}{\Delta P}\cdot\dfrac{P}{Q^D}$. 수요의 가격탄력성이 1보다 큰지 작은지에 따라 탄력적(elastic) 혹은 비탄력적(inelastic) 수요로 나눠진다.

8. 어느 재화에 대한 수요곡선이 직각쌍곡선으로 표시될 때 이 재화에 대한 수요의 가격탄력성의 크기는?

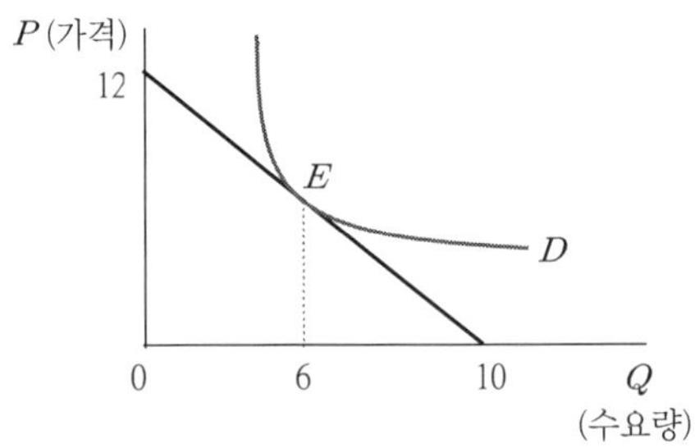

① ∞ ② 0 ③ 2
④ 1 ⑤ 0.5

수요곡선이 특수한 형태(수직, 수평, 직각쌍곡선)를 띨 때 모든 점에서의 점탄력성은 같게 된다. 수요곡선의 특수한 형태 및 그 점탄력성은 수요곡선이 수직(완전비탄력적)일 때 0, 수평인 경우(완전탄력적)는 ∞, 직각쌍곡선인 경우(단위탄력적)는 1이다.

9. 어느 수요곡선(D)상의 E점에서 수요의 탄력성은 얼마인가?

93 사법고시

① 2/5 ② 4/6 ③ 6/5
④ 1/2 ⑤ 3/5

수요의 가격탄력성 $\varepsilon_d = \dfrac{\text{수요의 변화율(\%)}}{\text{가격의 변화율(\%)}} = -\dfrac{\Delta Q^D/Q^D}{\Delta P/P} = -\dfrac{\Delta Q^D}{\Delta P}\cdot\dfrac{P}{Q^D}$

10. 수요에 대한 가격탄력성의 설명 중 옳은 것은?

① 수요에 대한 가격탄력성은 단기보다는 장기에 더 큰 경향이 있다.
② 수요곡선이 직선일 때는 탄력성이 동일하다.
③ 수요의 변화율에 대한 가격의 변화율을 나타낸다.
④ 가격탄력성은 기간에 관계없다.
⑤ 정답이 없다.

수요의 가격탄력성은 가격변화에 적응하는 기간이 길수록 탄력적인데, 그 이유는 신상품의 경우 소비자가 그 정보를 알 수 없기 때문에 구입기간이 길어지고 그 수요가 탄력적이 된다.

11. 다음 중 수요의 가격탄력성의 크기에 영향을 미치는 요인이 아닌 것은?

① 재화에 대한 지출이 소득에서 차지하는 비중
② 재화의 용도의 다양성
③ 대체재의 존재유무
④ 가격변화에 적응하기 위한 기간
⑤ 생산의 증감에 따른 생산비의 변화

수요의 가격탄력성의 결정요인은 대체성(대체재의 유무), 재화의 용도(용도가 다양할수록 탄력적), 재화가격이 소득에서 차지하는 비중(비중이 클수록 탄력적), 적응기간의 장단(장기일수록 탄력적), 상품의 성질(사치품은 탄력적), 가격수준(고가격이면 탄력적) 등이다.

12. 탄력성에 관한 다음 설명 중 옳은 것은?

① 수요의 가격탄력성이 1보다 작고 그 재화의 가격이 오르면 기업총수입은 감소한다.
② 수요의 가격탄력성이 1보다 작으면 그 기업의 총수입은 극대로 된다.
③ 수요의 가격탄력성이 1보다 크면 그 기업의 총수입은 극대로 된다.
④ 공급의 가격탄력성이 1보다 크고 그 재화의 가격이 오르면 소비자총지출은 증가한다.
⑤ 수요함수가 1차함수이면 탄력성은 언제나 1이다.

수요의 가격탄력성이 1보다 크면 그 재화의 가격이 내리면 기업총수입이 증가한다. 수요의 가격탄력성이 1이면 기업총수입(가계총지출)은 극히 불변이며, 수요의 가격탄력성이 1보다 작으면 그 재화의 가격이 상승하면 기업총수입이 증가한다. 수요곡선이 직각쌍곡선인 경우 가격탄력성이 1이다.

13. 탄력성에 대한 다음의 설명중 틀린 것은?

① 총지출에서 차지하는 비중이 클수록 수요의 가격탄력성이 크다.
② 수요의 소득탄력성이 1보다 작은 재화는 열등재이다.
③ 생활필수품일수록 수요의 가격탄력성이 작다.
④ 사치재일수록 수요의 소득탄력성이 크다.
⑤ 수요의 소득탄력성이 0보다 크면 정상재이다.

소득탄력성의 크기		재화의 종류	
$\varepsilon_I > 0$	$1 > \varepsilon_I > 0$	상급재 (우등재, 정상재)	필수재
	$\varepsilon_I > 1$		사치재
$\varepsilon_I = 0$		중립재	
$\varepsilon_I < 0$		하급재(열등재)	

14. 두 재화의 교차탄력성의 값이 음(-)의 값을 가지면 이 두재화는 어떤 관계인가?

① 열등재이다. ② 대체재이다. ③ 독립재이다.
④ 보완재이다. ⑤ 기펜재이다.

교차탄력성의 값	재화의 종류	예
$\varepsilon_{XY} = \infty$	완전대체재	검정 볼펜과 파란 볼펜
$\infty > \varepsilon_{XY} > 0$	대체재	콜라와 사이다
$\varepsilon_{XY} = 0$	독립재	우유와 카메라
$0 > \varepsilon_{XY} > -\infty$	보완재	카메라와 필름, 커피와 프림
$\varepsilon_{XY} = -\infty$	완전보완재	왼쪽신발과 오른쪽 신발

15. 재화의 공급탄력성을 크게 하는 요인은?

① 생산자원의 부족
② 완전고용상태의 실현
③ 유휴설비와 실업자의 충만
④ 기술의 저수준
⑤ 기간이 단기일 때

공급탄력성의 결정요인과 탄력성의 크기는 다음과 같다. ① 생산비 : 생산량의 증가시 생산비가 급격히 증가되는 상품의 공급탄력성은 비탄력적, ② 기술수준의 정도 : 기술진보가 빠른 상품의 경우 탄력성도 큼, ③ 재화의 성격 : 장기보관이 불가능한 재화의 경우 공급이 비탄력적임, ④ 기간의 장단 : 단기적일수록 비탄력적이고 기간의 경과에 따라 탄력성이 커짐, ⑤ 유휴설비의 유무 : 유휴설비와 실업자가 많을수록 탄력적임

Chapter 05 수요·공급 이론의 응용

需求与供给理論的应用

- 수요의 가격탄력성
- 최고가격제(가격규제)
- 이자상한제

Summary

① 수요의 가격탄력성 응용
② 가격규제의 허실
③ 부동산가격의 상승
④ 수요 · 공급의 응용문제

5.1 수요의 가격탄력성 응용
需求的价格弹性及其应用

(1) 터널 할증료 인상은 교통난 해소에 도움이 될까?(通行税上调能不能解决交通堵塞?)

신문기사 : 서울시는 도심교통난을 완화하기 위해 출퇴근시간에 남산 3호 터널을 통과하는 1인승 승용차에 대해 현행 통행료 대신 1천원의 할증료를 부과할 것을 검토 중이다.(고속도로에서 나홀로 차량에 대한 통행료 중과방침 등도 비슷한 예)

이 방안의 성공여부는 할증료의 부과(가격인상)가 터널통과의 수요량을 얼마나 감소시킬 것인가에 달려 있다. 따라서 가격변화에 따른 수요량의 변화크기를 알면 되는데 이를 설명해주는 경제이론이 수요의 가격탄력성 이론이다.

만약 통행에 대한 수요가 탄력적이라면 할증료의 부과는 3호터널을 통과하는 차량을 크게 감소시킬 것이고, 비탄력적이라면 차량감소의 효과는 미미할 것이다.

대체재가 많을수록 탄력적이다. 서울 도심에 진입하는 방법이 3호터널만 있는 것이 아니라 한강로, 남산순환로, 전철, 버스 등 다양한 대체재가 존재한다면 할증료 부과로 인해 차량들이 다른 길을 선택할 것이므로 3호터널의 차량은 상당히 감소될 것이다.

소득에서 차지하는 비중이 적을수록 비탄력적이다. 할증료 1천원, 한달 삼만원 정도로 승용차 소유자 소득에서 차지하는 비중이 크지 않다. 이는 할증료를 부과한다고 해도 통행량이 급격히 감소하지 않을 것임을 시사해준다.

남산터널의 할증통행료 부과의 성패는 터널통행의 가격탄력성에 달려있고 정부는 이 제도를 시행하기에 앞서 이에 대한 조사를 면밀하게 할 것이 요구된다.

표 5 1 수요의 가격탄력성의 결정요인

요 인	내 용
상호 밀접한 대체재의 존재	대체재가 많을수록 수요의 탄력성이 크고 적을수록 작음
재화의 성격	생필품은 비탄력적, 사치품은 탄력적
재화의 가격이 소득에서 차지하는 비중	비중이 크면 탄력적, 작으면 비탄력적
가격변화에 적응하는 기간	장기이면 탄력적, 단기이면 비탄력적

(2) 가격규제(价格控制)의 허실 : 가격최고제의 실시(价格上限的实施)

아파트분양가의 상한선이 내집마련의 부담을 덜어주는가?

예 이자율 규제(이자율 상한제), 임대료 규제(임대료상승율 규제), 최저임금제

정부가 아파트값의 상한선을 정해놓고 그 수준 이상으로는 건설업자가 아파트값을 받지 못하도록 규정하는 경우

그림 5 1 최고가격제 실시

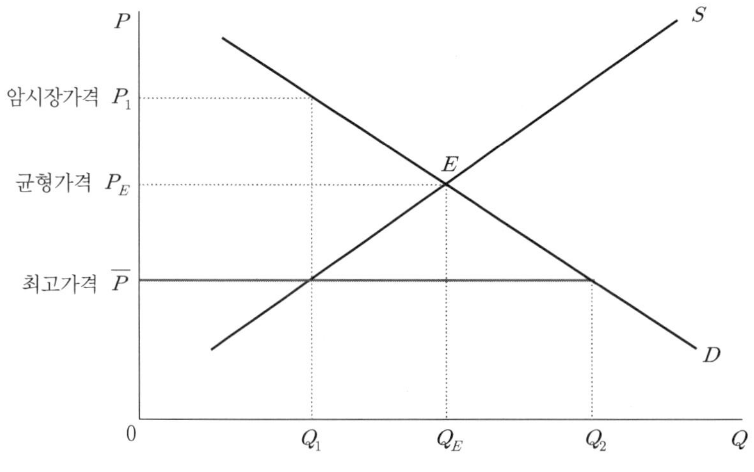

- 정부가 균형가격인 P_E 이하에서 가격이 결정되도록 최고가격 $\overline{P}$를 책정하는 경우에는 시장수요 $0Q_2$ 이나 시장공급은 $0Q_1$으로 초과수요(Q_1Q_2)상태가 발생하게 된다. 그에 따라 다음과 같은 문제가 발생한다.
  ① 배분의 문제 : 부족한 생산량을 공급하기 위해서 추첨, 배급제, 선착순 등의 방법을 통해 배분해야 한다. 아파트의 경우는 추첨에 의해 배정하는데 아파트를 당첨받기 위해 매월 10만원씩 10년 이상을 부어야 서울의 아파트를 분양받을 수 있다. 개인적으로 상당한 시간 낭비와 금전낭비를 초래한다. 차라리 분양가를 자율화시켜 인상요인을 현실화시키고 공급을 확대시켜 아파트값의 하락을 가져오는 것이 바람직하다.
  ② 비현실적인 분양가로 인해 아파트건설업자들은 부실자재, 부실공사 등에 의해 원가절감을 노리게 된다. 이는 부실공사, 아파트 붕괴 등 결국 국민전체적인 손실을 가져오게 된다.
  ③ 암시장의 형성 : Q_1의 공급량수준에서 소비자들은 P_1 수준만큼 지불할 용의가 있으므로 판매자가 정부의 규제를 피해 암시장에서 웃돈(premium, 溢价)을 받고 팔수 있다. 생산자의 입장에서는 이익이 많이 남는 암시장에서의 공급을 늘리고 정상시장에서 공급을 감소시키려 한다. 시장에는 물건이 자취를 감추고 암시장에서 균형가격보다 훨씬 높은 가격으로 구입해야만 하는 상황이 된다.

❖ 이자율 규제의 경우(이자상한제, 利息上限制)

대출시장에서 항상 초과수요가 발생하는 상황에서 정상 자금시장에서는 자금을 구할 수 없고 사채시장에서 은행이자율보다 훨씬 높은 이자율로 자금을 조달하는 상황이 발생한다. 이자상한제의 실시로 시장의 실질적인 금리수준 이하로 이자상한선이 설정되게 되면 이 대출시장에서 자금을 조달하지 못하는 계층을 대상으로 이자상한제 실시 이전보다 더 높은 불법적인 금리와 암시장이 확대될 수밖에 없다.

따라서 이상에서 본 것과 같이 정부의 가격규제는 당장에는 효과가 있을 것 같으나 시장의 가격기능의 인위적인 차단으로 인한 부작용이 오히려 커서 실패할 가능성이 많다.

좀더알아보기

우리나라의 최저임금은 얼마나 되나?

최저임금제는 근로자에 대한 최소한의 생계보호를 위하여 '최저임금위원회'의 심의와 의결을 거쳐 노동부장관이 매년 일정 수준의 최저임금을 정하고 사용자로 하여금 동 금액 이상의 임금을 지급하도록 법으로 강제하는 제도입니다. 따라서 최저임금제가 시행되면 사용자가 근로자와 합의하여 최저임금액보다 낮은 임금을 지급한다고 정하더라도 그 근로계약은 무효가 되며 이 경우 최저임금액과 동일한 임금을 지급하기로 정한 것으로 봅니다. 2021년 현재 적용되는 최저임금액은 시간당 9,160원, 최저주급은 439,680원, 최저월급 1,914,440원입니다.

이 제도는 전 산업의 상용근로자뿐만 아니라 임시근로자, 일용근로자 등 모든 근로자에게 적용되고 1년 이상의 기간을 정하여 근로계약을 체결하고 수습 중에 있는 근로자로서 수습을 시작한 날부터 3개월 이내인 사람에 대하여는 최저임금의10%를 감액하여 지급할 수 있도록 하고 있습니다. 다만, 단순노무업무로 고용노동부장관이 정하여 고시한 직종에 종사하는 근로자(단순 노무종사자)에 해당하는 사람은 수습여부·계약기간에 관계없이 최저임금액의 100%를 자급하여야 합니다.

만일 최저임금을 지키지 않을 경우 사용자에게는 3년 이하의 징역 또는 2천만원 이하의 벌금에 처하거나 이 두가지를 병과될 수 있습니다.(최저임금법 제28조)

(3) 부동산 가격의 상승(房地产价格上涨)

수요 · 공급이론을 적용하여 최근의 우리나라 부동산가격의 급등현상을 분석해보자.

- 수요의 변화요인 : 쌍춘절 결혼 급증으로 인한 신혼부부의 주택수요 증가
- 공급의 변화요인 : 재건축, 재개발 규제강화, 양도세부담 증가로 인한 매매기피

(4) 중국산김치에서 발견된 기생충 검출이 김치시장에 미치는 영향을 분석(中国产泡菜寄生虫事件的影响分析)

- 수요의 변화요인 : 중국산 김치에 대한 기호의 변화

(5) 전어시장에서의 전어값 폭락사태에 대한 분석(钱鱼价格跌落的影响分析)

■ 공급의 변화요인 : 전어 양식장의 급증

(6) 수요 · 공급의 응용문제 1(需求 · 供给的应用问题 1)

■ **개별수요함수**

$$Q = 20 - 2P + 0.5I - 0.1P_y$$

(Q: 수요량, P: 가격, I: 소득, P_y: 연관재가격)

① $I = 1000$원, $P_y = 400$원일때 수요표를 작성하고 수요곡선을 그려라

② I가 2000원으로 증가시 수요표를 작성하고 수요곡선을 그려라

③ I가 1000원이고 P_y가 500원으로 상승한다고 하자. 새로운 수요표를 작성하고 수요곡선을 그려라

④ 이 상품은 정상재인가 열등재인가

⑤ 이상품과 Y재간에는 대체재인가 보완재인가

(7) 수요 · 공급의 응용문제 2(需求 · 供给的应用问题 2)

다음은 사과에 대한 시장수요와 시장공급표이다. 물음에 답하라.

가격(원)	10	20	30	40	50	60	70	80	90
수요량	120	110	100	90	80	70	60	50	40
공급량	40	50	60	70	80	90	100	110	120

① 시장균형가격과 거래량을 구하라.

② 왜 시장가격이 60원으로 결정되지 않는가?

③ 왜 시장가격이 30원으로 결정되지 않는가?

④ 수요함수와 공급함수를 유도하라.

⑤ 균형조건식($D_X = S_X$)을 이용하여 균형가격과 거래량을 구하라.

(8) 수요 · 공급의 응용문제 3(需求 · 供给的应用问题 3)

① 기업에서 가격을 10% 인상했더니 제품에 대한 수요가 5% 감소하였다. 이 제품의 가격탄력성은 얼마인가?

② 옷을 생산하는 기업이 옷가격이 20% 오르자 공급량을 30% 늘렸다. 이 기업의 공급탄력성은 얼마인가?

③ 공급곡선이 불변일때 수요곡선이 상방으로 이동하면 시장가격과 거래량은 어떻게 변화하는가?

④ 만약 돼지고기에 구제역이 발생하였다고 발표되었다면 쇠고기 가격은?

⑤ 어떤 재화의 수요와 공급이 모두 감소했다. 균형가격과 균형수량의 변화방향은?

(9) 수요 · 공급의 응용문제 4(需求 · 供给的应用问题 4)

어떤 재화의 수요와 공급함수가 각각 $Q_D = 100 - 2P$, $Q_S = 10 + 4P$였으나 소비자선호의 변화로 수요함수가 $Q_D = 80 - 3P$로 변화하였다. 균형가격과 균형수급량의 변화는?

(10) 수요 · 공급의 응용문제 5(需求 · 供给的应用问题 5)

수요함수가 $Q = 20 - 2P + 0.5I - 0.1P_y$($Q$: 수요량, P : 가격, I: 소득, P_y : 연관재인 Y재의 가격)일 때 다음 문제를 풀어라.

① $I = 500$, $P_y = 200$원 일 때 수요함수를 유도하고 수요표를 작성하여 수요곡선을 그려라.

② $I = 1000$으로 증가시 수요표를 작성하고 수요곡선의 변화를 ①의 수요곡선과 비교하여 그림으로 나타내어라. 또한 이를 토대로 이 재화의 성격을 설명하라.

③ $I = 500$원일때 $P_y = 300$원으로 상승하였다면 새로운 수요표를 작성하고 수요곡선을 그려라. X재와 Y재간의 관계를 설명하시오.

④ $I = 500$, $P_y = 200$원이고 공급함수가 $Q = 120 + 5P$일 때 시장의 균형가격과 균형거래량을 계산하고 이를 그림으로 나타내보시오.

읽을거리 : 포로수용소의 가격제도

제2차 세계대전 중 연합군에게 잡힌 독일군 포로나 독일군에게 잡힌 연합군 포로는 각각 수용소에서 독특한 경제생활을 경험하였다. 포로수용소 경제는 생산활동이 없는 아주 단순한 경제이다. 수용소를 운용하는 나라와 국제적십자사, 그리고 외부 독지가들이 수용소에 필요한 물자들을 공급하였다. 각 포로는 통조림 우유, 통조림 쇠고기, 잼, 버터, 빵, 과자, 담배 등의 음식료품을 똑같이 배급받았다. 따라서 무엇을, 얼마나, 어떻게, 언제 생산할 것인가 하는 기본적인 경제문제는 포로수용소 경제에 해당되지 않는다. 포로수용소 경제에서 문제가 되는 것은 누가, 무엇을, 얼마나 소비할 것인가 하는 것이다.

얼핏 생각하면 포로들이 각자 배급받은 것을 자기가 소비하는 것으로 소비문제도 간단히 해결될 것으로 보인나. 그러나 실제상황은 전혀 딴판이었다. 처음에는 담배를 안 피우는 사람이 이웃동료에게 담배를 거저 주는 호의를 보인다. 그러나 곧 무상증여가 바람직스럽지 않고 필요하지도 않다는 것이 판명된다. 각자가 싫어하는 품목을 내놓고 좋아하는 품목과 맞바꾸는 물물교환 활동이 떳떳하고 쌍방의 효용을 증대시킨다는 것을 깨닫게 되는 것이다. 말하자면 수용소 전체가 모든 배급품이 거래되는 자유시장이 되는 것이다.

수용소에 포로가 수용되면 얼마 지나지 않아 모든 배급품목의 상대가격*이 결정되었다. 각 품목의 가격은 담배개비 수로 표시되었다. 담배가 교환의 매개수단이자 가치척도로서의 화폐로 등장하는 것이다. 모든 배급품의 담배개비 수로 표시한 가격은 이제 수요 공급 이론의 지배를 받는다. 각 배급품목의 공급량은 고정되어 있다. 따라서 공급곡선은 총배급량 수준에서 수직인 직선으로 나타낼 수 있다. 결국 각 품목의 가격은 시장수요가 얼마나 크냐에 달려있다. 이렇게 결정된 가격(=담배개비)에서 통조림 공급량이 과부족 없이 배분된다. 그만큼의 화폐(=담배개비)를 치를 의사와 능력이 있는 사람은 통조림을 소비한다. 포로끼리 서로 싸우거나 수용당국이 개입하지 않고서도 소비배분이 자연스럽게 이루어지는 것이다. 다른 배급품의 경우에도 마찬가지이다.

포로수용소의 시장들이 의식적으로 만들어진 것이라기보다 저절로 생성하여 작동하기 시작했다는 점이 특기할 만하다. 아무도 "배급품들을 할당하기 위하여 가격제도를 채택하자"거나 "가격제도를 채택할 것인지 말 것인지 투표에 부쳐 봅시다."라고 주장하지 않았다. 온대지방에 사계절이 있는 것처럼 자연발생적으로 시장이 생성되었다.

* 어떤 상품의 가격과 비교하여 표시한 다른 상품의 가격, 이에 비해 화폐로 표시된 가격은 절대가격이라고 함

〈자료: 안국신, '신경제학개론'〉

Chapter 05 연습문제(练习问题)

1. 다음 중 최고가격제(가격상한제) 실시의 결과에 해당되지 않는 것은?

   ① 부족분이 발생한다.
   ② 품질의 저하로 실제적인 가격의 인상이 나타난다.
   ③ 해당 재화의 구매를 위해 소비자들이 긴 줄을 형성해 기다린다.
   ④ 장기적으로 공급의 증대를 유도할 수 있다.
   ⑤ 암시장이 형성된다.

   최고가격제 또는 가격상한제는 시장균형가격보다 낮은 수준에서 최고한도의 가격을 통제하는 제도이다. 이같은 가격상한제의 실시는 시장에서 초과수요를 발생케하고, 공급의 부족, 장기적인 공급이 증대되기 어려움, 암시장이 형성되고 암시장가격이 발생한다.

2. 등유의 수요함수는 $Q_D = 10{,}000 - 10P$ 이고, 공급함수는 $Q_S = 2{,}000 - 10P$라고 가정하자.(Q_D = 수요량, Q_S = 공급량, P = 가격) 만약 정부가 등유에 대한 최고가격을 500으로 고시한다면 단기적으로 등유시장에 어떠한 변화가 발생하겠는가? 98 CPA

   ① 2,000만큼의 초과수요 발생
   ② 1,000만큼의 초과수요 발생
   ③ 2,000만큼의 초과공급 발생
   ④ 1,000만큼의 초과공급 발생
   ⑤ 변화가 없다.

   $Q_D = Q_S$에서 균형가격과 균형수량을 구한다. 최고가격은 균형가격보다 낮은 가격에서 설정해야 한다. 그러나 문제의 경우 균형가격보다 높으므로 시장에는 변화가 없다.

3. X재에 대한 수요 · 공급곡선이 일반적인 경우 생산자에게 물품세가 부과되면 어떤 효과가 발생하는가?

   ① X재의 수요량이 줄어들므로 가격이 하락한다.
   ② X재의 수요량이 늘어나고 가격이 하락한다.
   ③ 물품세의 전부가 생산자에게 부담이 되어 X재의 가격을 상승시킨다.

④ 물품세의 일부만 생산자가 부담하여 가격은 세액보다 적게 오른다.

⑤ 물품세의 일부를 소비자가 부담하므로 가격은 세액보다 많이 오른다.

조세부과(물품세 만큼 공급곡선의 상방이동시킴)를 하면 세금의 일부가 소비자에게 전가되고 생산자는 일부만 부담하게 된다. 따라서 물품세 부과액보다 가격상승액이 더 적다.

4. 최저임금제를 실시하여 그림에서 보는 바와 같이 최저임금 W_0로 책정하였다면 그 결과 실업이 발생할 것으로 예상되는데 그 실업량의 크기는?

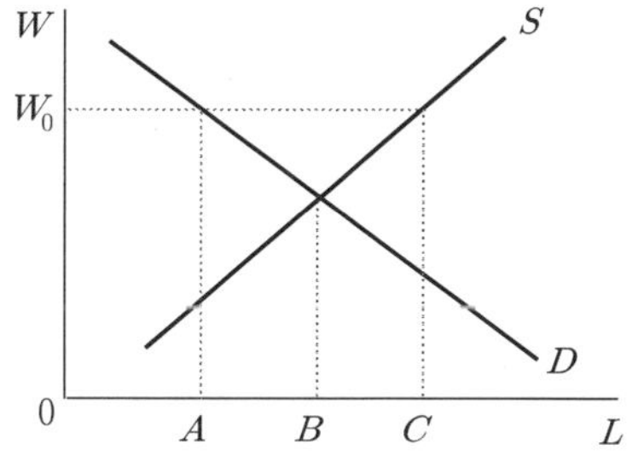

① $0A$　　② $0C$　　③ AB

④ AC　　⑤ BC

최저가격제는 시장균형가격보다 높은 수준에서 최저한도의 가격을 결정하여 통제하는 제도이다. 최저임금제도나 농산물가격지지제도가 이에 해당된다.

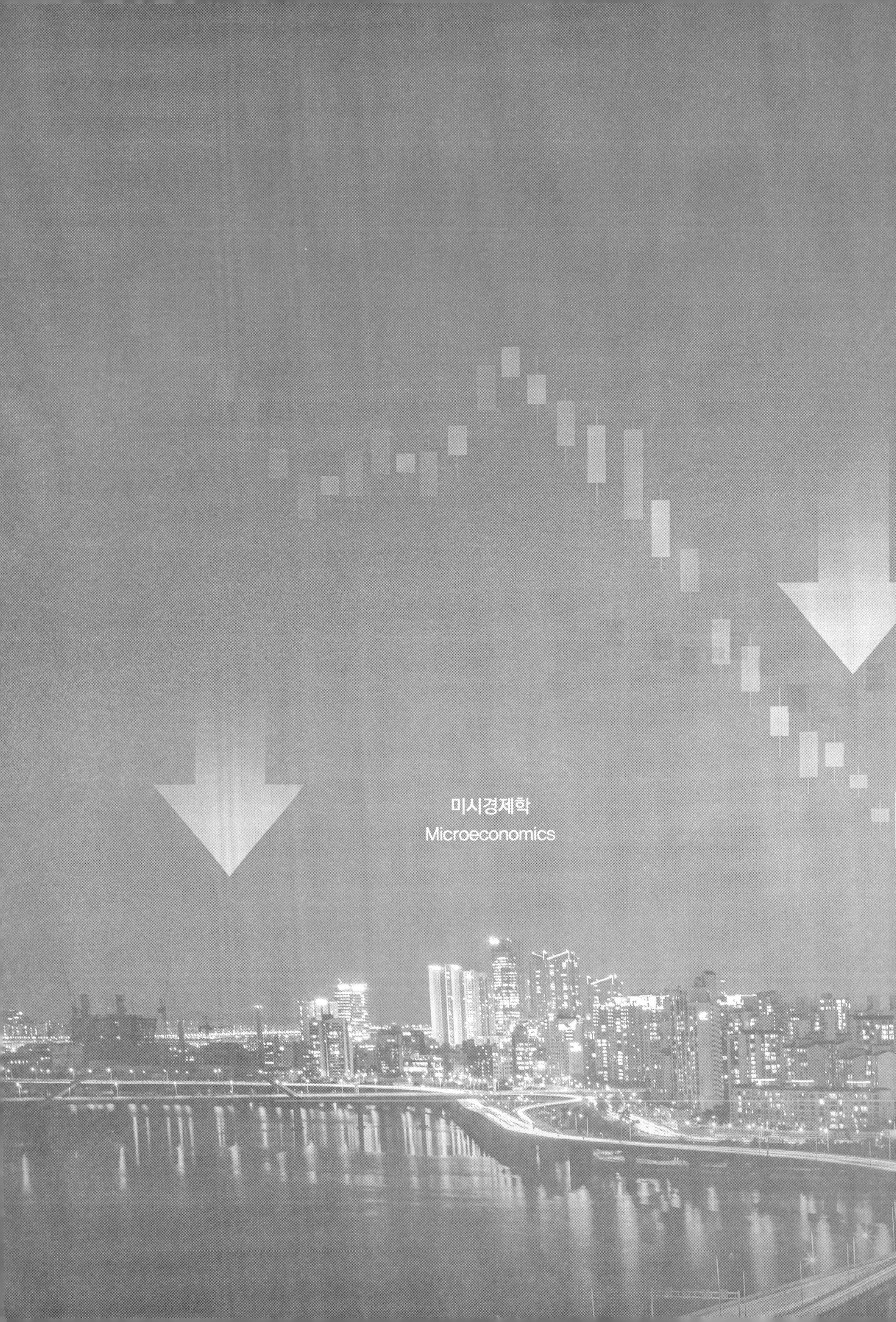

미시경제학

Microeconomics

Part 3

소비자이론
消費者理論

Chapter 06. 소비자선택이론
消费者选择理论

Chapter 06 소비자선택이론

消费者选择理论

- 기수적 효용과 서수적 효용
- 총효용과 한계효용
- 소비자선택이론
- 한계효용이론
- 한계효용균등의 법칙
- 무차별곡선
- 가격선(예산선)
- 한계대체율
- 소득소비곡선과 엥겔곡선
- 가격소비곡선과 수요곡선

Summary

① 한정된 소득 하에 만족을 극대화하고자 하는 소비자의 최적소비행태 분석
② 소비자선택이론은 효용의 개념에 따라 한계효용이론, 무차별곡선이론, 현시선호이론으로 구분
③ 무차별곡선의 성질
④ 한계대체율체감의 법칙과 무차별곡선
⑤ 특수한 형태의 무차별곡선 : 완전대체재, 완전보완재
⑥ 예산제약을 나타내는 가격선(예산선)
⑦ 소비자균형조건의 의미
⑧ 가격소비곡선과 수요곡선의 도출
⑨ 소득효과와 대체효과

6.1 효용의 개념
效用概念

소비자 선택의 문제는 소비자의 최적소비행태를 분석하는 것이다. 즉 소비자가 최대의 만족을 얻기 위해서 주어진 소득으로 구입할 수 있는 여러 가지 상품 중에서 어떤 상품을 얼마만큼 구입하여 소비하는가를 다루는 문제이다.

이러한 소비자의 행태를 분석하기 위해서 먼저 소비자가 느끼는 상품의 만족도를 측정하여 비교해야 하는데 이를 가능케 하는 것이 효용의 개념이다.

효용(utility, 效用)이란 재화나 서비스를 소비함으로써 소비자가 느끼는 주관적인 만족이다. 이러한 효용을 측정하는 개념으로는 기수적 효용과 서수적 효용이 있다. 기수적 효용(cardinal utility, 基数效用)은 효용의 크기를 양적으로 측정할 수 있다고 보는 반면에 서수적 효용(ordinal utility, 序数效用) 개념은 효용의 크기의 순서만 알 수 있다고 보는 것이다.

소비자선택의 이론은 효용의 개념에 따라 세 가지 이론으로 나누어진다.

세 가지 이론은 ① 기수적 효용의 개념을 사용하는 한계효용이론, ② 서수적 효용의 개념을 사용하는 무차별곡선이론, ③ 효용은 기수적으로나 서수적으로 측정할 수 없다는 현시선호이론이다.

6.2 한계효용이론
边际效用理论

(1) 총효용(总效用)

- 총효용(total utility, 总效用) : 소비자가 재화를 사용하거나 서비스를 받음으로써 얻는 만족감의 총량
- 효용함수(utility function, 效用函数) : 일정기간에 상품의 소비량과 그로부터 얻어지는

총효용의 관계

소비자가 소비하는 상품이 X재와 Y재가 있다고 가정하면 효용함수는 $U = U(X, Y)$와 같이 쓸 수 있다. 이는 소비자의 효용은 X재와 Y재의 소비량에 달려있음을 의미한다.

(2) 한계효용(边际效用)

총효용은 재화의 소비량이 증가함에 따라 증가하지만 무한히 증가하는 것이 아니라 재화의 소비를 늘릴수록 효용증가의 폭이 점차 줄어든다. 이처럼 재화 한 단위를 더 추가 소비하여 얻는 만족감의 양을 한계효용(marginal utility, 边际效用)이라 한다. 맥주는 첫잔이 가장 맛있다고 한다. 즉 첫단위의 맥주소비가 주는 만족의 크기가 가장 크고 2잔, 3잔 마실수록 그 만족도는 차차 감소하게 되어 한계효용은 점차로 줄어들게 된다.

> 한계효용 : 한 재화의 소비량이 증가(감소)할 때 총효용의 증가(감소)정도
>
> ⇒ X재의 한계효용 : $M_X = \dfrac{\Delta U}{\Delta X}$, Y재의 한계효용 : $M_Y = \dfrac{\Delta U}{\Delta Y}$

(3) 한계효용과 총효용의 关계(边际效用与总效用的关系)

- 한계효용(MU)은 총효용(TU)의 미분값 $\dfrac{dU}{dQ}$이므로 TU곡선의 기울기와 같다.
- 재화의 n단위까지의 총효용은 제 n단위까지의 각 단위의 한계효용의 누계와 같다.
- 총효용이 극대가 될 때 한계효용은 0이 된다.
- 극대점까지 총효용은 증가하나 한계효용은 감소한다.
  - ① 한계효용 > 0 ⇔ 총효용 증가
  - ② 한계효용 = 0 ⇔ 총효용 극대
  - ③ 한계효용 < 0 ⇔ 총효용 감소

(4) 한계효용체감의 법칙(边际效用递减定理)

재화소비량이 증가함에 따라 그 상품의 한계효용은 결국 감소한다. 이를 "한계효용체감의 법칙"이라 부른다.

예 목이 마를 때 콜라1병은 매우 큰 만족을 주지만 콜라를 먹을수록 그 만족의 증가정도는 점차 감소한다.

	총효용	한계효용	
콜라 1병	10		
2병	16	6	
3병	20	4	
4병	21	1	
5병	21	0	← 만족의 포화점, 효용극대, 한계효용 = 0
6병	18	− 3	
7병	13	− 4	

그림 6　1　총효용(*TU*)과 한계효용(*MU*)

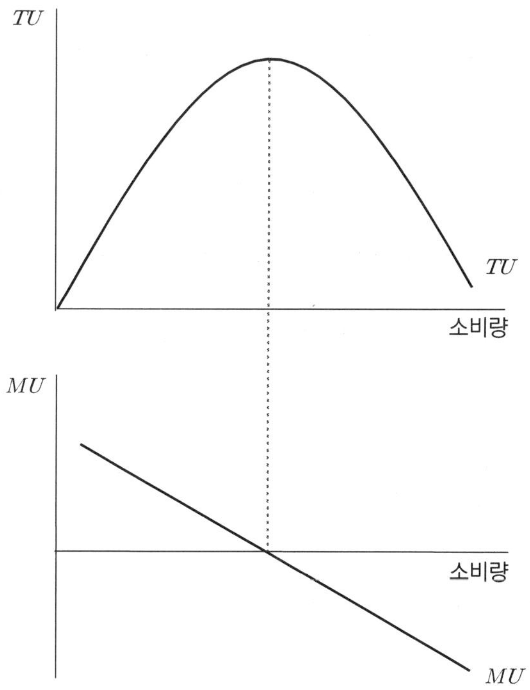

6.3 소비자선택의 조건
消费者选择的条件

- 효용극대화를 추구하는 합리적 소비자가 한 재화만을 소비할 때는 한계효용이 0이 되는 소비량수준까지 소비하면 효용극대 달성됨
- 현실적으로 많은 상품들이 존재하는데 소득이 무한하다면 각 상품의 한계효용이 0이 되는 수준까지 소비하면 효용극대화
- 그러나 소비자는 한정된 소득을 가지므로 주어진 소득 내에서 욕망을 최대한 만족(즉 최대의 효용을 얻도록)하도록 여러 상품을 소비한다.

효용극대화를 위한 소비자선택의 문제 ⇒ 이러한 문제의 해결은 한계효용균등의 법칙임

$$\frac{MU_X}{P_X} = \frac{MU_Y}{P_Y} = \text{화폐단위당 한계효용}$$

- $\frac{MU_X}{P_X} > \frac{MU_Y}{P_Y}$: X재 1원어치의 한계효용 > Y재 1원어치의 한계효용

  ⇒ X재 소비를 늘임에 따라 효용을 증가시킬 수 있음을 의미
- $\frac{MU_X}{P_X} < \frac{MU_Y}{P_Y}$: X재 1원어치의 한계효용 > Y재 1원어치의 한계효용

  ⇒ Y재 소비증가시 효용증가

  ⇒ 결국 $\frac{MU_X}{P_X} = \frac{MU_Y}{P_Y}$ 인 소비수준에서 최대효용을 얻을 수 있음

  (한계효용균등의 법칙)

  ⇒ 한계효용이론에서 합리적인 소비자는 각 상품 1원어치의 한계효용이 균등할 때 주어진 소득(I)으로 최대의 만족을 얻게 된다.

$$\frac{MU_X}{P_X} = \frac{MU_Y}{P_Y}$$
$$P_X X + P_Y Y = I$$

합리적 소비란 소비자가 자신의 효용에 대해서 정확히 알고 이를 극대화할 때 달성되며, 이러한 소비의 결과로 사회 전체의 효율도 올라가게 된다.

❖ 비합리적인 소비형태

- 과소비 : 자신의 현재 및 미래 소득수준이나 한정된 예산을 감안할 때 향후 경제생활에 큰 부담을 초래하는 소비
- 과시소비 : 효용을 얻기 위한 목적보다는 금전력이나 지위를 남에게 과시할 목적으로 하는 소비
- 모방소비 : 꼭 필요하지 않으나 소비자들의 상위지향적 욕망 때문에 무리를 해서라도 주위 사람 또는 상위계층을 따라 하는 소비
- 충동소비 : 사전 구매계획 없이 구매현장에서 다양한 형태의 구매자극을 받아 충동적으로 하는 소비

좀더알아보기

효용 극대화 방법

어떻게 소비선택을 해야 전체 효용이 가장 큰지를 알아보기 위해 예를 들어보겠습니다. 어떤 사람이 5,000원을 가지고 갈비와 초밥을 먹으려고 합니다. 두 상품을 모두 한 개에 1,000원씩 판매되고 있습니다. 이 사람은 초밥보다 갈비를 더 좋아하지만 갈비의 한계효용이 감소하는 폭이 초밥보다 훨씬 크다고 합니다. 따라서 갈비와 초밥에서 얻을 수 있는 한계효용을 아래와 같이 표시할 수 있습니다.

갈비와 초밥의 한계효용

수량(번째)	갈비(한계효용)	초밥(한계효용)
1	16	5
2	8	4
3	4	3
4	2	2
5	1	1

이 사람은 예산제약인 5,000원으로 갈비만 5개 먹을 수도 있고 초밥만 5개 먹을 수도 있습니다. 또 갈비 2개, 초밥 3개와 같이 섞어서 5개를 먹을 수도 있습니다. 그러나 뷔페식당의 예에서 본 것처럼 갈비를 좋아한다고 해서 갈비만 5개를 먹을 가능성은 별로 없습니다. 갈비를 먹을수록 그 한계효용이 감소하기 때문입니다. 그러면 어떻게 선택하는 것이 효용을 가장 크게 만들까요? 모든 선택 가능한 대안에 대해 각각의 전체 효용을 계산해보면 아래 표와 같습니다. 이 표에서는 갈비 3개와 초밥 2개를 먹으면 전체 효용의 크기가 37로 가장 큰 것으로 나타나 있습니다.

갈비와 초밥 소비에 따른 전체 효용

갈비(개)	초밥(개)	전체효용
5	0	31
4	1	35
3	2	37
2	3	36
1	4	30
0	5	15

←

갈비 (한계효용)	초밥 (한계효용)	수량 (번째)
16	5	1
8	4	2
4		3

그런데 이렇게 각 소비선택이 주는 효용의 크기를 일일이 계산하지 않고서는 효용이 가장 큰 상품묶음을 찾을 수 없을까요? 그 방법을 제시해 주는 것이 바로 한계효용균등의 법칙*이라는 것입니다. 한계효용균등의 법칙이란 예산제약에 맞추어 전체 효용을 최대로 하기 위해서 각 상품에 마지막으로 지출한 돈의 효용이 같아지도록 상품을 구입하면 된다는 원리입니다. 만약 각 상품에 대한 마지막 1원의 효용이 서로 다르게 소비하고 있다면 소비선택을 달리하여 효용을 증가시킬 수 있기 때문입니다. 위의 예에서도 효용을 극대화하는 소비묶음에서 3번째 갈비의 한계효용과 2번째 초밥의 한계효용이 모두 4로 같은 것을 알 수 있습니다.

실제 우리가 하는 소비활동은 위의 예처럼 간단하지도 않고 설사 간단하다 하더라도 한계효용이 얼마인지 정확히 계산해 가면서 소비하는 사람은 거의 없을 것입니다. 그러나 우리가 스스로 인식하지 못할 뿐 이미 상품을 실제 구입할 때마다 각 상품의 소비로부터 얻는 한계효용을 같게 하는 방식으로 의사결정을 하고 있는 것입니다.

* 각 상품 1원어치의 한계효용이 균등하여, 주어진 소득으로 한 상품을 덜 소비하고 다른 상품을 더 소비해도 전체효용이 더 이상 증가되지 않을 때 소비자는 최대의 효용을 얻게 됨

6.4 무차별곡선이론
无差异曲线理论

- 앞서는 기수적 효용의 개념을 사용하는 한계효용이론에 의하여 소비자의 최적소비행태를 설명하는 이론이다.
- 여기서는 서수적 효용의 개념을 사용하는 무차별곡선이론을 공부한다. 소비자의 균형조

건을 도출하기 위해 소비자의 선호를 나타내는 무차별곡선과 소비자의 구매능력을 나타내는 가격선을 결합하여 소비자균형을 분석한다.

(1) 무차별곡선(无差异曲线)

- 효용수준을 기수적으로 측정가능하다는 비현실적인 가정(한계효용이론에서)을 보다 현실화하여 효용은 주관적인 것이기 때문에 기수적으로는 측정 곤란하지만 서수적으로는 측정하다고 가정을 완화한다.
- 소비자들은 똑같은 만족을 주는 상품들의 조합에 대해서 무차별(indifferent, 无差异)하다고 하며(즉 아무것이나 선택해도 상관없음) 이러한 무차별한 상품들의 조합점들을 이은 곡선을 무차별곡선(indifference curve, 无差异曲线)이라 한다.

그림 6 2 무차별곡선

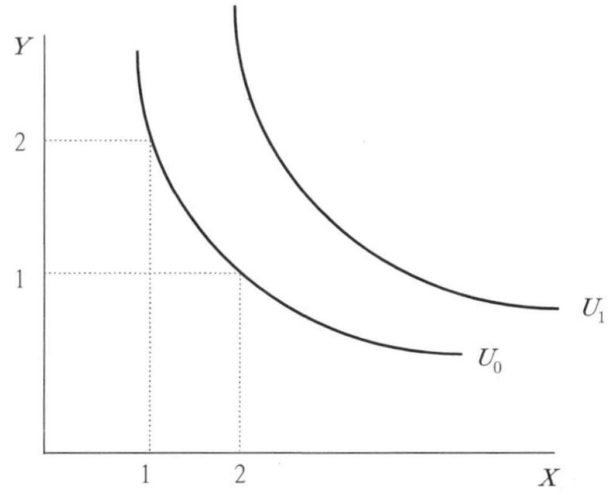

한 무차별곡선(U_0)으로 표시되는 만족수준보다 더 큰 만족수준은 오른쪽에 위치하는 무차별곡선이다. 이때 효용의 크기는 서수적으로만 측정될 뿐 구체적인 크기는 따지지 않는다.

(2) 무차별곡선의 특징(无差异曲线的特征)

① **원점에서 멀수록 높은 만족수준을 나타낸다**.

많이 소비할수록 효용은 증가함을 의미한다. (다다익선, 多多益善)

② **무차별곡선은 우하향한다.**

소비자가 동일한 효용을 유지하면서 한 상품의 소비를 증가시키는 경우 반드시 다른 상품의 소비를 감소시킬 수밖에 없기 때문이다.

③ **무차별곡선은 서로 겹치거나 교차할 수 없다**

무차별곡선 U_0와 U_1이 교차한다고 가정하자. A, B, C점은 모두 동일한 효용수준을 나타내게 된다. 그러나 C는 B보다 X재와 Y재의 소비수준이 모두 높아 B보다 더 높은 효용수준을 나타낸다. 따라서 B가 A와 동일한 효용수준을 갖는다는 것과 모순이다. 따라서 서로 다른 무차별곡선은 교차하지 않는다.

그림 6 3 무차별곡선의 성질

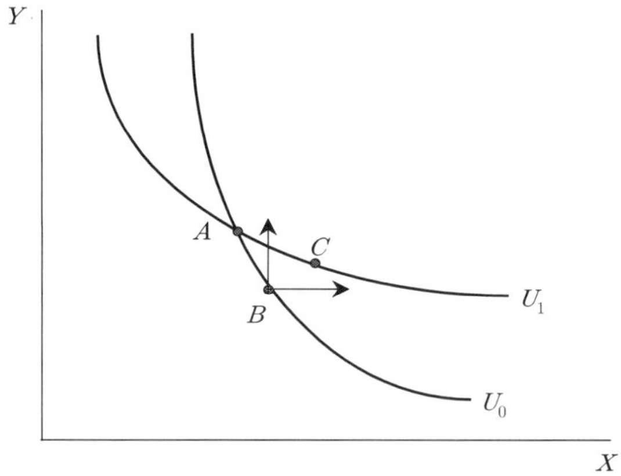

④ **무차별곡선은 (우하향하면서) 원점을 향하여 볼록한 형태를 취한다.**

이는 한계대체율 체감의 법칙을 의미한다. 한계대체율(MRS : marginal rate of substitution, 边际替代率)이란 무차별곡선상의 기울기의 절대값을 말하는데 즉 동일한 효용을 유지하기 위해서는 Y재의 소비가 감소하면 X재의 소비를 늘려야 하는데 이때의 Y재의 감소분($-\Delta Y$)을 X재의 증가분(ΔX)으로 나눈 것으로 정의된다.

$$MRS_{XY} = -\frac{\Delta Y}{\Delta X}\Big|_{\overline{U}}$$

❖ 한계대체율과 한계효용과의 관계

ΔTU를 총효용의 변화분이라 하면 $\Delta X \cdot MU_X + \Delta Y \cdot MU_Y = \Delta TU$이고, 무차별곡선상에서는 $\Delta TU = 0$이므로

$$MRS_{XY} = -\frac{\Delta Y}{\Delta X}\bigg|_{\overline{U}} = \frac{MU_X}{MU_Y}$$

한계대체율은 「X재 한단위에 대한 Y재의 주관적인 교환비율」 또는 한계효용의 상대적인 크기로 나타낼 수 있다.

❖ 한계대체율 체감의 법칙 의미

X재 한 단위씩을 증가시켜 나갈 때 동일한 무차별곡선상에 있기 위해서 즉 동일한 효용을 유지하기 위한 Y재의 소비감소분이 점차 감소하는 것을 말한다. 어떤 상품의 소비가 늘어남에 따라 늘어나는 재화의 상대적 효용은 감소하고 반대로 소비가 줄어드는 재화의 효용은 증가하는 현상을 말한다.

표 6 1 한계대체율체감의 법칙과 무차별곡선

조 합	A		B		C		D		E
X재 수량	1		2		3		4		5
X재 증가분(△X)		1		1		1		1	
Y재 수량	12		8		5		3		2
Y재 감소분(△Y)		−4		−3		−2		−1	
한계대체율 $MRS_{XY}=-\frac{\Delta Y}{\Delta X}$		4		3		2		1	

그림 6 4 한계대체율체감의 법칙과 무차별곡선

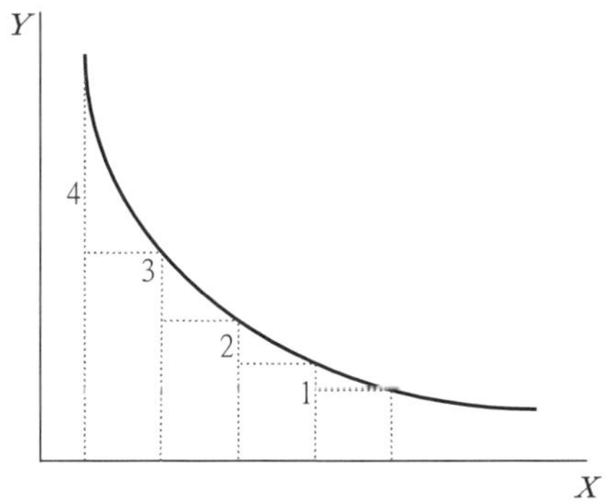

무차별곡선 그림에서 보듯이 X재가 한 단위씩 증감함에 따라 한계대체율이 4 → 3 → 2 → 1로 감소하게 되고 이에 원점에 대해서 볼록한 형태를 취하게 된다.

(3) 특수한 형태의 무차별곡선(无差异曲线的特例)

① **무차별곡선이 직선인 경우**

한계대체율이 일정한 경우이며 이는 두 재화가 완전대체재일 경우에 성립한다.

예 진로소주와 그린소주를 전혀 구분 않는 사람의 무차별곡선

즉 그린소주를 1잔씩 더 마실 때 동일한 만족을 유지하기 위해 진로소주의 감소량이 일정한 경우

그림 6 5 무차별곡선 형태 : 직선인 경우, *MRS* = 일정, 완전대체재

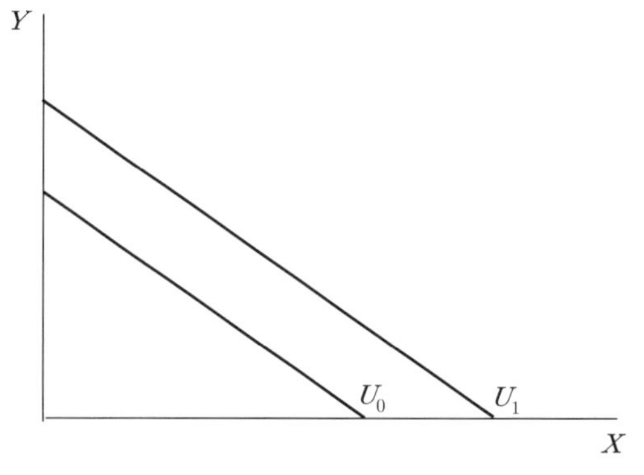

② **무차별곡선이 L자형인 경우** :

완전보완재인 경우에 성립한다.

효용수준이 증가하기 위해서는 한 재화의 소비증가로는 이뤄지지 않고 두 재화간의 결합비율만큼 증가해야 한다. 완전보완재의 경우에 두 상품간의 대체가 전혀 이뤄지지 않는 것을 의미하므로 한계대체율은 0이다.

예 왼쪽구두와 오른쪽구두, 왼쪽 장갑과 오른쪽 장갑

그림 6 6 완전보완재의 무차별곡선

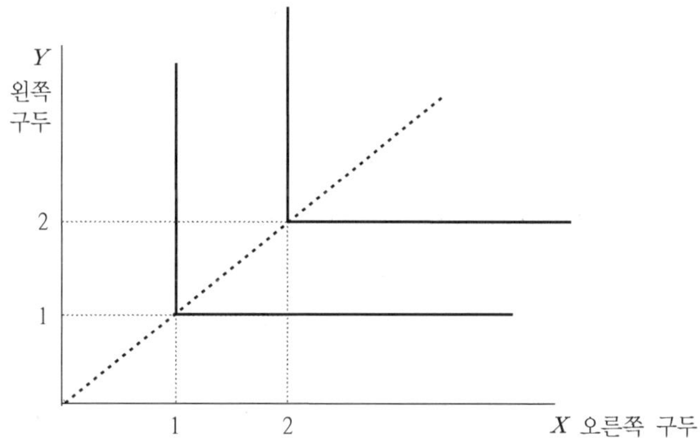

6.5 가격선(혹은 예산선)

价格线(预算线)

(1) 가격선의 정의(价格线的定义)

무차별곡선은 원점에서 멀어질수록 보다 큰 만족을 주므로 효용을 극대화하고자 하는 소비자는 원점에서 가장 먼 무차별곡선을 선택하려 할 것이다. 그러나 현실적으로 소비자들의 구매능력은 한정된다.

가격선(price line, 价格线) 혹은 예산선(budget line, 预算线)이란 주어진 소득 또는 예산하에서 이를 전부 사용하여 구입할 수 있는 상품의 여러 가지 조합을 나타내는 직선이다. 즉 가격선은 소비자의 구매능력 혹은 소득제약조건을 그림으로 나타낸 것이다.

X재와 Y재만이 존재한다고 가정할 경우 가격선은 다음과 같이 정의된다.

$$I = P_X X + P_Y Y$$

(I: 소득, X, Y: X재와 Y재의 소비량, P_X, P_Y: X재와 Y재의 가격)

이를 그림으로 나타내기 위해 Y재에 대해 정리하면 다음과 같다.

$$Y = \frac{I}{P_Y} - \frac{P_X}{P_Y}X$$

가격선의 기울기는 두상품의 가격비(price ratio, 价格比) 또는 상대가격(relative price, 相对价格)를 나타낸다. 즉 시장에서 X재 한 단위와 교환되는 Y재의 수량을 의미(객관적 교환비율 = 교역조건)한다. 혹은 Y재로 표시한 X재의 기회비용을 나타낸다.

Y축절편(수직절편) : 주어진 소득을 Y재 소비에 모두 지출할 때 구입가능한 Y재 수량
X축절편(수평절편) : 주어진 소득을 X재 소비에 모두 지출할 때 구입가능한 X재 수량

그림 6　7　가격선 혹은 예산선

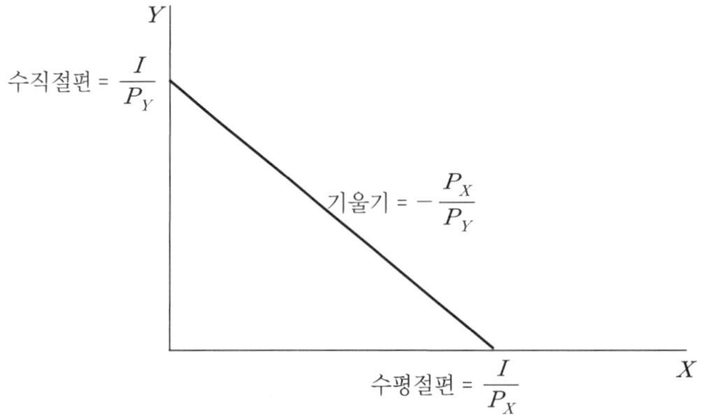

예 $P_X = 10$, $P_Y = 5$, $I = 40$일 때의 가격선
$\Rightarrow$ $40 = 10X + 5Y$
$\Rightarrow$ $Y = 8 - 2X$

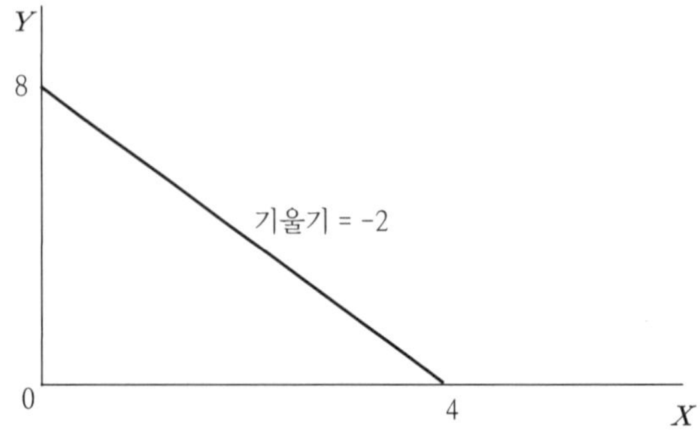

(2) 가격선(예산선)의 이동(价格线的移动)

가격선은 소득의 변화와 재화가격이 변화하게 되면 이동하게 된다.

① 소득의 변화

소득의 변화하게 되면 가격선은 평행이동한다.(재화가격은 일정)

소득증가시 우측으로 평행이동하고, 소득감소하면 좌측으로 평행이동하게 된다.

그림 6 8 소득의 변화에 따른 가격선의 이동

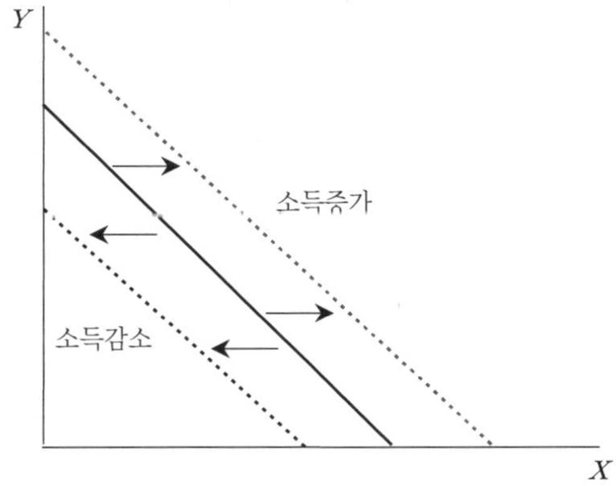

② 두 재화가격의 비례적 변화

두 재화의 가격이 비례적으로 상승시 가격선은 우측으로 평행이동하고 비례적으로 하락하는 경우에는 좌측으로 평행이동한다.

③ 한 재화가격의 변화

한 재화의 가격이 변화하면 예산선이 회전이동한다. 기울기가 변화한다.

- *X*재가격의 변화 : *X*재가격 하락(상승)시 주어진 소득으로 보다 많은(적은) *X*재를 살 수 있으므로 가격선은 *Y*축을 기준축으로 우측(좌측)으로 회전한다.
- *Y*재가격의 변화 : *Y*재가격 하락(상승)시 주어진 소득으로 보다 많은(적은) *Y*재를 살 수 있으므로 가격선은 *X*축을 기준축으로 우측(좌측)으로 회전한다.

그림 6 9 X재가격의 변화와 가격선의 이동

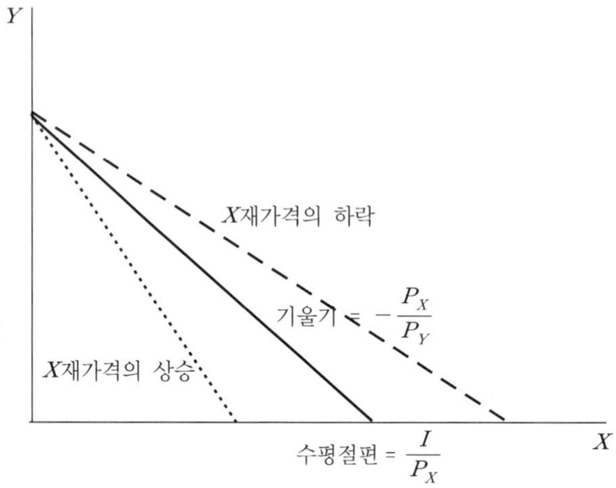

그림 6 10 Y재가격의 변화와 가격선의 이동

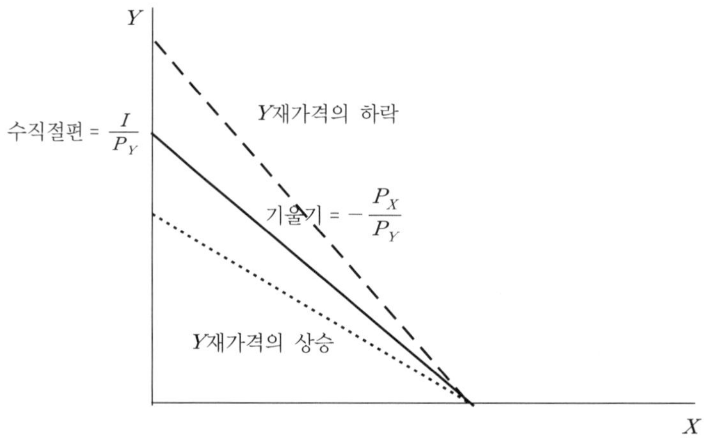

6.6 소비자선택의 균형
消费者选择的均衡

(1) 소비자균형 조건(消费者均衡条件)

소비자균형이란 주어진 가격선과 무차별곡선에서 소비자의 만족을 극대화하는 소비점이다. 소비가능한 상품들의 조합은 예산선 이하의 면적이고 이중 소비자의 최대만족을 주는 것은 예산선과 접하는 무차별곡선이며 이 때의 접점이 소비자균형이 된다.

<그림 6-11>에서 소비가능한 상품들의 조합은 $\triangle 0PS$영역내이므로 무차별곡선 U_2는 달성불가능한 만족수준이다. 선택가능한 소비조합 A, B, C 중 소비자의 최대만족을 주는 것은 예산선과 접하는 U_1의 무차별곡선이며 이 때의 접점(E)이 소비자균형점이 된다.

그림 6 11 소비자균형

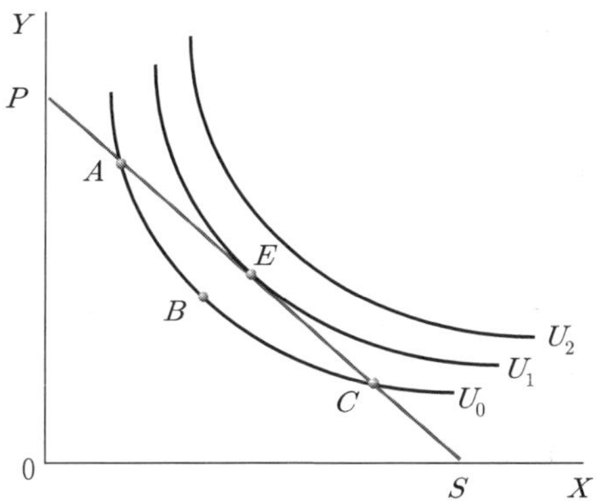

무차별곡선과 가격선의 접점인 이 소비자균형점에서는 가격선의 기울기와 무차별곡선의 기울기는 같게 된다.

즉 MRS(무차별곡선의 기울기) = $\frac{P_X}{P_Y}$(예산선의 기울기)이며 이를 소비자균형조건이라 한다.

❖ 소비자균형조건의 의미

X재와 Y재간의 가격비율 즉 상대가격$(\frac{P_X}{P_Y})$ (= 시장에서의 객관적인 교환비율)

= 한계대체율$(MRS_{XY} = -\frac{\Delta Y}{\Delta X}|_{\overline{U}})$ (= X재 한단위에 대한 Y재의 주관적인 교환비율)

① $MRS_{XY} > \frac{P_X}{P_Y}$**인 경우**

가령 $[MRS_{XY} = 5] > [\frac{P_X}{P_Y} = 2]$인 경우는 <그림 6-11>의 A점과 같은 소비자균형점 왼쪽 위의 방향에 위치하는 경우이다. 이같은 경우 소비자는 X재 1단위 소비증가를 위해 Y재를 5단위 포기할 의사가 있으나 시장에서 결정된 가격수준에 따르면 X재 1단위증가를 위해서 Y재 2단위만 포기하면 된다. 왜냐하면 가령 X재 가격은 2원, Y재 가격은 1원처럼 X재가 2배 비싸다. 이 소비자는 X재를 시장에서 평가되는 것보다 더 높게 평가하므로 X재 소비를 증가시킴으로써 동일한 지출수준 하에서 보다 높은 만족을 얻을 수 있게 된다. X재 소비를 증가시킬 때 한계효용체감의 법칙에 따라 MRS가 줄어들어 점차 $MRS_{XY} = \frac{P_X}{P_Y}$ 회복되게 된다.

② $MRS_{XY} < \frac{P_X}{P_Y}$**인 경우**

반대로 $[MRS_{XY} = 2] < [\frac{P_X}{P_Y} = 5]$인 경우는 <그림 6-11>의 C점과 같은 소비자균형점 오른쪽 밑의 방향에 위치하는 경우이다. 소비자는 X재 1단위 소비증가를 위해 Y재를 2단위 포기할 의사가 있으나 시장에서 결정된 가격수준에 따르면 X재 1단위증가를 위해서 Y재 5단위를 포기해야 된다. 이 소비자는 X재를 시장에서 평가되는 것보다 더 낮게 평가하므로 동일한 지출수준 하에서 X재 소비를 감소하고 Y재 소비를 증가시킴으로써 더 높은 만족수준을 얻게 된다. X재 소비를 감소시 한계효용체감의 법칙에 따라 MRS가 커져서 점차 $MRS_{XY} = \frac{P_X}{P_Y}$ 회복되게 된다.

(2) 소비자균형의 이동(消费者均衡的移动)

1) 소득소비곡선과 엥겔곡선(收入消费曲线与恩格尔曲线)

① **소득소비곡선**(收入消费曲线)

재화의 가격, 소비자의 선호는 일정한 반면 소득수준이 변화하는 경우에 소득변화에 따라서 가격선이 평행이동하게 되고 이에 각각의 소득수준에서 소비자균형점도 각기 달라지게 된다. 이처럼 재화의 가격은 불변인 채 소득수준만 변화할 경우에 얻어지는 소비자균형점을 연결한 곡선이 소득소비곡선(income-consumption curve : *ICC*, 收入消費曲线)라 한다.

그림 6 12 소득소비곡선

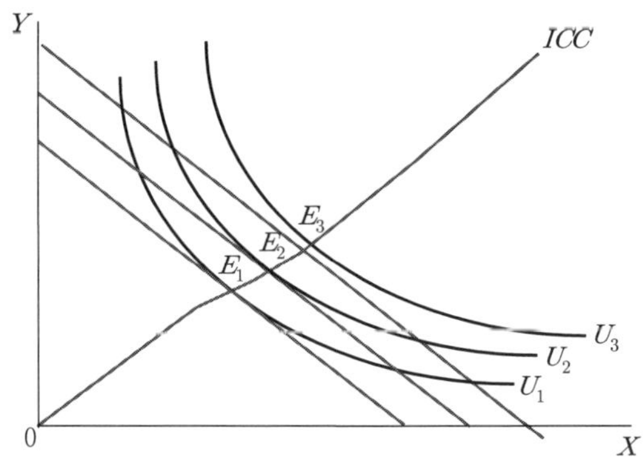

일반적인 재화 즉 정상재(혹은 상급재)인 경우는 위 <그림 6-12>에서와 같이 소득이 증가시 재화의 소비량이 각각 증가한다. 그러나 열등재의 경우 <그림 6-13>에서처럼 소득이 증가할 때 수요가 오히려 감소한다.

그림 6 13 소득소비곡선 : 열등재

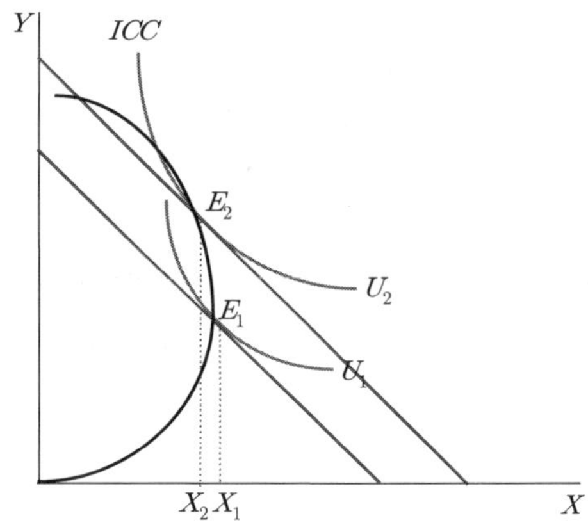

② **엥겔곡선**(Engel curve, 恩格尔曲线)

소득과 한 상품의 소비량과의 관계를 나타낸 곡선이다.

- E_1 : 수요의 소득탄력도가 비탄력적인 재화(소득증가만큼 소비가 증가하지 않는 재화) → 생활필수품 등 필수재
- E_2 : 수요의 소득탄력도가 1보다 큰 탄력적인 재화 → 사치재, 문화비 등
- 열등재의 엥겔곡선 : 엥겔곡선이 어느 일정소득수준을 넘어가서는 후방굴절하는 형태를 취함

그림 6 14 엥겔곡선

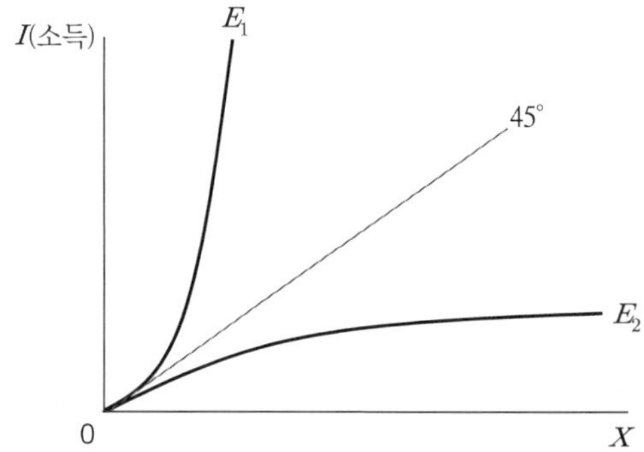

2) 가격소비곡선과 수요곡선(价格消费曲线与需求曲线)

① **가격소비곡선**(price-consumption curve : PCC, 价格消费曲线)

소비자의 선호, 상품의 가격은 불변인데 한 상품의 가격이 변화할 때 각 가격수준에 대응하는 소비자균형점들을 연결한 곡선을 가격소비곡선이라 한다.

X재 가격이 하락하는 경우에 X축절편($\frac{I}{P_X}$)이 커진다. 즉 예산선이 A점을 축으로 오른쪽으로 회전한다. 각 가격수준에서 소비자균형점들을 연결한 곡선이 가격소비곡선 PCC이다. 가격소비곡선으로부터 X재가격변화에 대해 X재 수요량 변화만을 고려할 경우에 X재의 수요곡선을 <그림 6-15>에서와 같이 도출할 수 있다.

그림 6 15 가격소비곡선

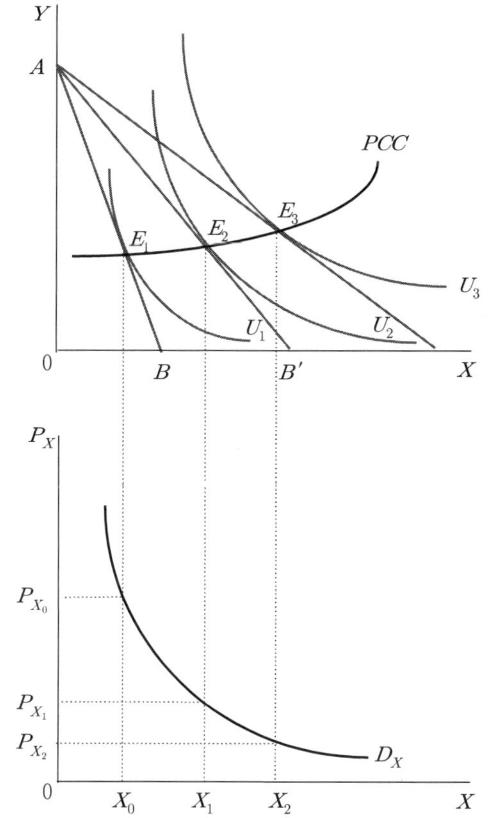

3) 소득효과와 대체효과(收入效果与替代效果)

- 가격효과는 소득효과와 대체효과로 나누어 볼 수 있다. X재의 가격이 상대적으로 싸졌기 때문에 X재를 더 많이 구입하는 대체효과를 측정하기 위해 실질소득변화에 따른 소득효과를 먼저 제거한다. 소득효과 제거를 위해 새로운 가격수준하에서도 가격하락이전과 동일한 효용수준을 누릴 수 있도록 소득을 빼앗는다고 가정한다. 그 결과 새로운 예산선과 평행이면서 처음의 무차별곡선과 접하는 예산선형태로 나타난다.

그림 6 16 가격효과 : 소득효과와 대체효과

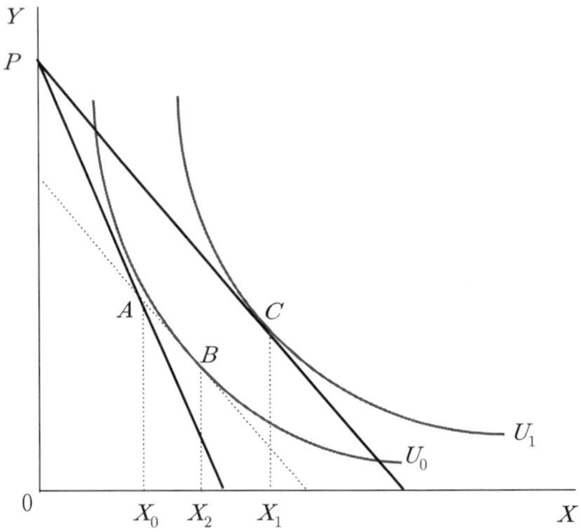

- 가격효과 = $X_1 - X_0 = (X_1 - X_2) + (X_2 - X_0)$

  대체효과 = $X_2 - X_0$

  소득효과 = $X_1 - X_2$

❖ **기펜재**(Giffen's goods, 吉芬物品)

열등재중 재화의 가격하락시 소비의 감소를 가져오는 소득효과가 소비의 증가를 가져오는 대체효과보다 커서 수요의 감소를 가져오는 재화를 말한다.

Chapter 06 연습문제(练习问题)

1. 한계효용이란?

① 총효용과 같은 것이다.
② 한 재화가 가지는 효용단위이다.
③ 추가적 한 단위의 재화의 소비에서 얻어지는 추가적 효용이다.
④ 첫 단위의 재화의 소비에서 얻어지는 추가적 효용이다.
⑤ 총효용을 평균효용으로 나눈 것이다.

한계효용이란 소비를 한 단위 증가시켰을 때 추가적으로 얻는 총효용의 증가분이다.

X재의 한계효용 : $M_X = \frac{\Delta U}{\Delta X}$, Y재의 한계효용 : $M_Y = \frac{\Delta U}{\Delta Y}$

2. 다음의 서술 중 옳지 않는 것은?

① 공장매연과 폐수는 음의 효용을 낳는 재화이다.
② 어떤 상품을 포화점 이상으로 소비하면 한계효용이 음이 된다.
③ 한계효용곡선을 직각좌표상에 그렸을 때 종축 및 횡축과 한계효용곡선으로 둘러쌓인 면적이 총효용의 크기이다.
④ 한계효용이 0이라는 것은 총효용의 증가분이 0이라는 것이고 이는 총효용이 극대가 된 상태를 말한다.
⑤ 재화를 소비함으로써 얻는 총효용은 사람들이 재화의 소비량을 증가시킬수록 증가한다.

한계효용은 일정 시점까지는 체증하다가 변곡점을 기점으로 체감하는데 이를 한계효용체감의 법칙이라 한다. 한계효용을 적분한 값이 총효용이다. 한계효용이 0일 대 총효용은 극대가 된다.

3. 효용이론에서 어느 재화를 소비함으로써 얻은 총효용이 최대가 될 때 한계비용은?

① 0 ② 1 ③ 0 < 한계효용 < 1
④ (−)값을 가진다. ⑤ (+)값을 가진다.

극대점까지 총효용은 증가하나 한계효용은 감소한다. ① 한계효용 > 0 ⇔ 총효용 증가, ② 한계효용 = 0 ⇔ 총효용 극대, ③ 한계효용 < 0 ⇔ 총효용 감소

4. X재의 효용함수가 $U = 8X - X^2$일 때 X재의 한계효용함수(MU)는?M

① $8 - X$ ② $-2X$ ③ 8

④ $8-2X$ ⑤ $8X - 2X^2$

한계효용이란 총효용을 재화의 소비량으로 미분하여 얻을 수 있다.

5. 소비자가 효용을 극대화하고 있다면?

① 구입하는 모든 재화의 한계효용이 동일한 것이다.
② 구입하는 모든 재화의 한계효용이 가격과 비례한 것이다.
③ 구입하는 각 재화에 지출된 마지막 1원의 한계효용이 동일한 것이다.
④ ①과 ③
⑤ ②와 ③

소비자의 효용(만족)이 극대화되는 소비자균형에서는 X재와 Y재간의 가격비율 즉 상대가격 = 한계대체율($MRS_{XY} = -\frac{\Delta Y}{\Delta X}|_{\overline{U}}$)이 성립한다. 이러한 조건은 $\frac{MU_X}{P_X} = \frac{MU_Y}{P_Y}$ 혹은 $\frac{P_X}{P_Y} = \frac{MU_X}{MU_Y}$와 같은 식이다. 즉 화폐1단위당 한계효용이 같아지는 상태를 의미한다.

6. 소비자가 한계효용을 같도록 소비하여 소비자의 총효용을 극대화시키는 것과 관련이 있는 것은?

① 한계효용균등의 법칙
② 한계효용극대화 법칙
③ 한계효용체감의 법칙
④ 소비자 잉여론
⑤ 한계소비성향

한계효용균등의 법칙이란 재화의 가격이 일정하다는 가정하에 각 재화 1원어치의 한계효용이 균등하게 되도록 재화를 소비하면 총효용을 극대화할 수 있다는 법칙이다.

7. 버터의 가격 $P_X = 6$이고, 마아가린의 가격 $P_Y = 3$으로 주어져 있고, 버터의 마아가린의 한계대체율이 $MRS_{XY} = 1.5$라면, 효용극대화를 추구하는 소비자의 행동으로 바람직한 것은?

① 버터의 구입량을 증가시키고 마아가린의 구입량을 감소시킨다.
② 버터의 구입량을 감소시키고 마아가린의 구입량을 증가시킨다.
③ 버터와 마아가린의 구입량을 모두 감소시킨다.
④ 버터와 마아가린의 구입량을 모두 증가시킨다.
⑤ 버터와 마아가린의 구입량을 모두 현수준을 유지한다.

$[MRS_{XY} = \frac{MU_X}{MU_Y} = 1.5] < [\frac{P_X}{P_Y} = 2]$이므로 $\frac{MU_X}{P_X} < \frac{MU_Y}{P_Y}$이 성립한다. 따라서 마아가린($Y$재)의 구입량을 증가시키고 버터($X$재)의 구입량을 감소시켜야 효용을 보다 증가시킬 수 있다.

8. 무차별곡선이 원점에 대해 볼록한 이유는?

① 소득효과가 대체효과보다 크기 때문이다.
② 소득효과가 마이너스(-)이기 때문이다.
③ 대체효과가 플러스이기 때문이다.
④ 한계대체율이 체감하기 때문이다.
⑤ 대체효과가 소득효과보다 크기 때문이다.

무차별곡선의 성질 중에서 원점에 대해 볼록한 경우의 이유는 한계대체율이 체감하기 때문이다.

9. 무차별곡선이 직선으로 도출되는 경우는?

① 완전대체의 관계
② 완전보완의 관계
③ 완전독립의 관계
④ 완전대체 또는 완전독립의 관계
⑤ 완전보완 또는 완전독립의 관계

무차별곡선이 직선으로 도출되는 경우는 완전대체재인 경우이다. L자형인 경우는 완전보완재일 경우 성립한다.

10. 다음은 무차별곡선의 성질에 관한 것이다. 틀린 것은?

① 원점에서 멀어질수록 효용이 크다.
② 무차별곡선은 우하향한다.
③ 무차별곡선은 서로 나란하다.
④ 무차별곡선은 서로 교차하지 않는다.
⑤ 무차별곡선은 원점에 대해서 볼록하다.

무차별곡선의 성질 : ① 원점에서 멀수록 더 큰 만족을 나타냄, ② 우하향, ③원점에 대해 볼록함, ④ 서로 교차하지 않음(나란하다는 것은 아님)

11. X재의 가격이 2원, Y재의 가격이 5원, 그리고 예산제한액이 100원일 때의 가격선의 방정식은?

① $Y = 5 - 2X$
② $Y = 20 - 0.4X$
③ $Y = 20 - 2.5X$
④ $Y = 5 - 2.5X$
⑤ $Y = 10 - 0.4X$

가격선(price line) 혹은 예산선(budget line)이란 주어진 소득 또는 예산하에서 이를 전부 사용하여 구입할 수 있는 상품의 여러 가지 조합을 나타내는 직선이다. $P_X X + P_Y Y = I$(I: 소득, X, Y: X재와 Y재의 소비량, P_X, P_Y : X재와 Y재의 가격). 이를 Y재에 대해 정리하면 $Y = \frac{I}{P_Y} - \frac{P_X}{P_Y}X$ 이 된다.

12. 효용함수 $U = U(X, Y)$일 때 $M = 1{,}000$, $P_X = 20$, $P_Y = 50$일 때 소비자균형점에서의 한계대체율은?

① 0.4
② 0.6
③ 1.0
④ 1.5
⑤ 2.5

소비자의 효용(만족)이 극대화되는 소비자균형에서는 $\frac{MU_X}{P_X} = \frac{MU_Y}{P_Y}$ 혹은 $\frac{P_X}{P_Y} = \frac{MU_X}{MU_Y}$의 조건이 성립한다.

13. 가격선에 대한 설명으로 틀린 것은?

① 소득이 증가하면 원점으로부터 멀어진다.
② 가격선상의 점은 소득을 모두 지출하는 점이다.
③ 가로축과 만나는 점은 주어진 소득으로 한 재화만 소비하는 점이다.
④ 가격과 소득이 모두 2배로 변하면 이 선도 그만큼 이동한다.
⑤ 가격선 외부의 점은 주어진 소득으로 선택할 수 없다.

실질소득이 변화하지 않으면 가격선은 이동하지 않는다. 가격선상의 점은 소득을 모두 지출할 때의 소비점을 나타낸다. 가로축 절편과 세로축 절편은 주어진 소득으로 한 재화만을 소비하는 점이다. 소득이 증가하면 가격선은 상방 평행이동한다.

14. 소비자의 균형조건을 틀리게 기술한 것은?

① 무치별곡선과 가격선의 교차짐
② 한계효용과 가격비의 균등
③ 효용의 극대화
④ 한계대체율과 상대가격의 동일
⑤ 무차별곡선과 가격선의 접점

소비자균형조건은 소비자가 주어진 예산으로 효용을 극대화하는 소비점을 의미한다. 소비균형점에서 ① 무차별곡선과 예산선은 접함, ② 무차별곡선과 가격선 기울기가 동일함, ③, ④ 주관적 교환비율=객관적 교환비율이 성립한다.

15. 소득소비곡선은 다음중 어느 것을 일정하게 유지하면서 도출하는가? 95 사법고시

① 화폐소득
② 실질소득
③ 효용
④ 상대가격
⑤ 모든 상품의 절대가격

소득소비곡선은 소득이 변하고 상대가격이 불변일 때 효용극대화점들의 궤적을 말한다.

16. 일반적으로 어떤 재화의 가격이 하락할 때 그 재화에 대한 수요가 증가하는 것은 어떤 이유 때문인가?

① 대체효과
② 소득효과와 대체효과
③ 한계효용체감의 법칙
④ 소득효과
⑤ 저렴한 것을 선호하는 생활습관

가격효과는 대체효과와 소득효과의 합이다. 즉 가격효과 = 대체효과 + 소득효과.

17. 철수의 무차별곡선이 그림에서와 같은 형태를 취할 때 다음 설명중에서 옳지 않은 것은?

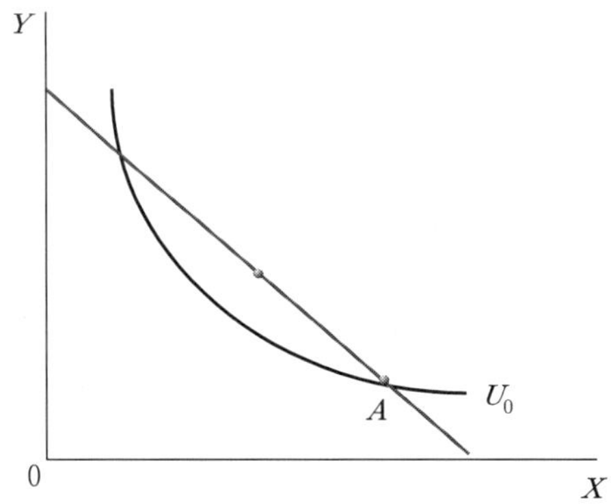

① A점에서 한계대체율(MRS) < 두 재화의 상대가격비

② A점에서 철수가 주관적으로 평가하는 X재의 가치 > 시장에서의 객관적으로 평가되는 X재의 가치

③ 돌쇠는 A점에서보다 X재의 구매를 줄이고 Y재의 구매를 늘림으로서 만족을 증가시킬 수 있다.

④ X재의 한계효용은 0보다 크다.

⑤ Y재의 한계효용은 0보다 크다.

어떤 소비점에서 [무차별곡선의 기울기 < 가격선 기울기] → [$[MRS_{XY} = \frac{MU_X}{MU_Y}] < [\frac{P_X}{P_Y}$= 상대가격]] → [주관적 교환비율 < 객관적 교환비율] 하다는 것을 의미한다.

18. 소득소비곡선이 다음과 같을 때? 99 감정평가사

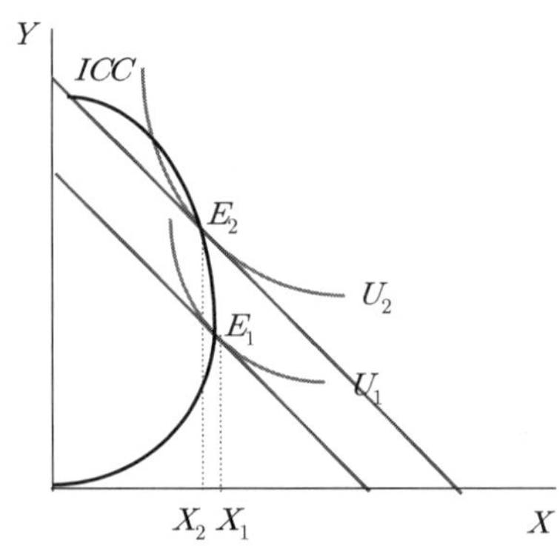

① X재는 정상재이다. ② Y재는 열등재이다.
③ X재는 열등재이고 Y재는 정상재이다. ④ X재와 Y재 모두 열등재이다.
⑤ X재와 Y재 모두 정상재이다.

일반적인 재화 즉 정상재(혹은 상급재)인 경우는 소득이 증가시 재화의 소비량이 각각 증가한다. 그러나 열등재의 경우 소득이 증가시 오히려 소득이 감소한다.

19. 수요곡선이 도출될 수 있는 것은 다음의 어느 것인가?

① 생산가능곡선 ② 소득소비곡선 ③ 엥겔곡선
④ 효용가능곡선 ⑤ 가격소비곡선

가격소비곡선(PCC)는 다른 조건은 일정 불변인 상태에서 한 재화의 가격이 변화하는 경우에 이동되는 소비자 균형점들을 연결한 곡선(궤적)이다. 수요곡선은 다른 조건은 일정불변인 상태에서 한 재화의 가격이 변동된 경우에 그 재화의 균형구입량(효용극대의 소비점 = 수요량)의 변화를 나타내는 곡선이다.

20. 소비자의 X재에 대한 수요함수가 $Q_X = 30 - 1.6P_X + 0.7Y$라면 이 재화는 다음중 어떤 재화인가? (단, P_X : X재의 가격, Y : 소득)

① 기펜재이다. ② 기펜재이며 우등재이다.
③ 정상재이며 우등재이다. ④ 보통재이며 열등재이다.
⑤ 정상재이며 소득에 대해서는 중립적이다.

가격상승시 수요량이 감소하므로 정상재(보통재)이고 소득증가시 수요량이 증가하므로 우등재이다.

21. 기펜재(Giffen's goods)란 가격이 하락하는 경우 다음 중 어느 것에 해당되는가? 93 사법고시

① 소득효과는 부(-)이고 대체효과는 정(+)이지만 부의 소득효과가 정의 대체효과보다 더 큰 재화
② 소득효과와 대체효과 모두 정(+)인 재화
③ 소득효과와 대체효과 모두 부(-)인 재화
④ 소득효과는 부(-)이고 대체효과는 정(+)이지만 정의 대체효과가 부의 소득효과보다 더 큰 재화
⑤ 소득효과가 없는 재화

기펜재란 열등재중 재화의 가격하락시 소비의 감소를 가져오는 소득효과가 소비의 증가를 가져오는 대체효과보다 커서 수요의 감소를 가져오는 재화를 말한다.

22. 한 소비자의 X재와 Y재의 한계효용이 다음과 같다.

수 량	1	2	3	4	5	6	7	8
MU_X	110	100	90	80	70	60	50	40
MU_Y	190	170	150	130	120	100	80	60

(1) 소득이 80원이고 X재와 Y재의 가격이 모두 10원일 때 소비자의 균형소비량을 구하고 그 때의 총효용수준을 구하라.

(2) 다른 조건은 변하지 않고 X재의 가격만 5원으로 하락하였을 경우 소비자의 새로운 균형소비량과 총효용수준을 구하라.

(3) X재에 대한 수요곡선을 그려라.

23. 한 소비자가 다음과 같은 상품의 조합들에 대하여 무차별하다.

X재	1	2	3	4	5	6
Y재	20	15	11	8	6	5
MRS						

(1) MRS_{XY}를 계산하라.

(2) 위 상품조합들로 무차별곡선(U_1)을 그려라.

(3) 더 높은 만족수준을 나타내는 무차별곡선(U_2)과 더 낮은 만족수준을 나타내는 무차별곡선(U_3)을 그려라.

(4) X재와 Y재가격이 각각 30원, 10원이고 소비자소득이 200원이라 하자. 최적소비조합을 구하라.

Part 4

생산자이론
生产者理论

Chapter 07. 생산자선택이론
生产者选择理论

Chapter 08. 비용이론
生产与成本理论

Chapter 07 생산자선택이론

生产者选择理论

- 생산함수
- 단기생산함수와 장기생산함수
- 총생산물(TP), 한계생산물(MP)과 평균생산물(AP)
- 규모의 경제, 비경제
- 등량곡선
- 등비곡선
- 한계기술대체율
- 생산요소의 대체탄력도
- 오일러정리

Summary

① 단기와 장기의 구분 : 고정요소의 존재유무
② 단기생산함수 : 한계생산물과 평균생산물의 관계
③ 장기생산함수 : 등량곡선
④ 규모에 대한 보수 : 보수불변, 보수증가, 보수감소
⑤ 주요 생산함수의 성질 : 콥-더글라스 생산함수
⑥ 생산자균형의 성립 : 생산자균형조건

7.1 기업과 생산함수
企业与生产函数

(1) 기업과 생산(企业与生产)

생산을 마샬(A.Marshall 马歇尔)은 “인간의 만족수준을 증가시키는 모든 행위”로 정의했다. 생산은 ① 자연에 노동을 가해 인간이 필요로 하는 물자를 획득하는 행위, ② 어떤 물자를 변형, 개조, 가공하여 새로운 재화를 만드는 행위, ③ 기존의 재화를 교환, ④ 운반하는 행위, ⑤ 서비스를 창출하는 행위 등으로 정의할 수 있다. 즉 생산은 여러 가지 생산요소를 투입하고 이를 가공하여 사람에게 유용한 재화와 서비스를 만들어 소비할 수 있게 하는 모든 인간활동을 말한다.

생산자는 생산을 담당하는 자이다. 현대의 생산자는 대부분 기업을 조직하여 생산활동을 한다. 이처럼 기업은 생산을 담당하는 기관 또는 조직체이다. 기업은 소유주체에 따라 정부기업과 민간기업으로 나뉘며 민간기업은 비영리기업과 영리기업으로 구분되고 영리기업은 다시 개인기업(한사람이 소유주, 무한책임), 합명회사(소유주가 둘이상, 무한책임), 주식회사(주주들이 소유하는 회사, 출자액에 대해서만 법적 책임을 지는 유한책임)로 나눌 수 있다.

생산자는 이윤추구를 목표로 한다. 이를 위해 생산자가 당면하는 문제는 생산자 문제라 한다.

생산자의 문제는 ① 무엇을 얼마나 생산할 것인가, ② 어떤 생산기술을 이용할 것인가, ③ 생산요소를 얼마나 고용하고 그 대가를 어떻게 지불할 것인가, ④ 기업의 조직과 경영구조는 어떻게 할 것인가로 나눌 수 있는데, 여기서 ①,②,③이 경제학에서 다루는 문제이다.

신문기사로 본 생활경제 〈자료 : 전국경제인연합회, 2022년 1월 24일〉

韓 제조업 고용 '빨간불'… 5년 간 삼성전자 · 현대차 국내 직원 수 만큼↓

제조업 강국으로 불리던 한국의 최근 5년(2015 ~ 2019년) 간 제조업 국내 고용과 해외법인 현지고용 추이를 분석한 결과, 국내 고용은 5년 전 대비 약 18만 명 줄어든 것으로 나타났다. 이는 국내 최대기업인 삼성전자와 현대차의 2020년 국내 직원 수를 합친 숫자이다.
한국의 제조업 취업자는 2016년 이후 2020년까지 매년 감소세에 있는데, 이는 선박수주 급감에 따른 조선업종 구조조정과 자동차 업종 구조조정이 가장 큰 영향을 미쳤다.
반면 미국, 일본, 독일의 제조업 취업자 증가는 2008년 글로벌 금융위기 이후 이들 3개국이 자국내 일자리 창출을 위해 제조업 기반 강화, 자국 기업의 리쇼어링(Reshoring) 정책을 지속 추진한 결과로 분석된다.

특히 미국의 경우, 2010년 오마바 미 행정부가 [제조업 증강법(Manufacturing Enhancement Act)] 제정 후 현 바이든 행정부의 [공급망 회복력 구축, 미국 제조업 활성화, 광범위한 성장 촉진] 정책까지 제조업 경쟁력 강화 정책을 전개하고 있다.

또한, 중국통계에 따르면 같은 기간 중국의 제조업 취업자는 세계경제 둔화, 미-중 무역분쟁, 2018년말까지 이어진 공급부문 개혁정책, 지속적인 제조업부문 임금 상승 등이 복합적으로 작용하여 지속 감소했다.

(2) 생산함수(生产函数)

기업은 가장 우수한 생산기술을 사용하여 각 생산요소를 결합해서 생산하려 한다. 생산함수란 이처럼 일정기간 동안(流量 : flow의 개념) 사용되는 투입요소의 투입량과 그 결합으로부터 얻을 수 있는 최대산출량(가장 효율적인 기술을 이용함을 의미)간의 일정한 기술적 관계를 말한다.

$$Q = F(N,\ K,\ L)$$

(Q: 매기당 생산물수량, N: 노동투입량, K: 자본투입량, L : 토지투입량)

여기서는 분석의 편의상 토지는 생략한다. 따라서 생산함수는 $Q = F(N,\ K)$와 같이 쓸 수 있다.

(3) 단기와 장기(短期与长期)

경제학에서 단기(short-run)란 여러가지 생산요소중 적어도 한 요소의 투입량이 고정되어 있는 기간을 말한다. 일반적으로 생산설비나 공장 등과 같은 자본재는 그 규모를 단기간에 변화시키기 힘들다. 이를 고정요소라 한다. 반면 노동은 생산량의 변화에 따라 고용량을 쉽게 변화시킬 수 있는데 이러한 요소를 가변요소라 한다. 따라서 단기생산함수에서 자본은 고정요소, 노동은 가변요소가 된다.

$$Q = F(N,\ \overline{K})\ \ (\overline{K}:\ \text{단기에 있어 자본은 고정})$$

경제학에서 장기는 모든 요소의 투입량을 변경시킬 수 있는 기간을 말한다. 따라서 장기생산함수에서는 노동뿐만 아니라 자본도 모두 가변요소가 된다.

$$Q = F(N,\ K)$$

(4) 단기생산함수(短期生产函数)

단기생산함수에서 자본은 고정요소이고, 노동은 가변요소가 된다.

단기생산함수는 노동량과 고정자본을 투입해서 매기당 생산되는 총생산물을 나타낸다.

$$Q = TP = F(N,\ \overline{K})$$

① **한계생산물**(边际产量)

한계생산물(marginal product, 边际产量)은 투입요소를 한 단위 증가시킬 때 생산되는 추가적인 생산물을 의미한다.

■ **노동의 한계생산물**

$$MP_N = \frac{\Delta Q}{\Delta N} = \frac{F(N+\Delta N,\ \overline{K}) - F(N,\ \overline{K})}{\Delta N}$$

자본은 고정시킨 채 노동량을 증가시켜 나가면 일정단계를 지나서는 가변요소의 한계생산물이 지속적으로 감소하는 현상이 나타나는데 이를 수확체감의 법칙이라 한다.

② **평균생산물**(平均产量)

평균생산물(average product, 平均产量)은 총생산물을 투입요소량으로 나눈 비율이다.

- **노동의 평균생산물**

$$AP_N = \frac{Q}{N}$$

(5) 한계생산물과 평균생산물의 관계(边际产量与平均产量的关系)

총생산물곡선은 단기생산함수의 일반적인 형태를 그림으로 표시한 것이다.

처음의 N_0점까지 노동량증가에 대한 총생산물의 증가분이 점차 커진다. 즉 체증적으로 총생산물이 증가한다(수확체증 적용). N_1까지는 총생산물이 증가하기는 하나 증가분이 점차 작아진다. 즉 체감적으로 총생산물이 증가한다(수확체감 적용). N_2 이후 부터는 총생산이 오히려 감소된다.

- **노동의 한계생산물곡선**

$$MP_N = \frac{\Delta TP}{\Delta N} \Rightarrow \text{총생산물곡선의 기울기}$$

- **노동의 평균생산물곡선**

$$AP_N = \frac{TP}{N} \Rightarrow \text{원점에서 연결한 직선의 기울기}$$

❖ 평균생산물과 한계생산물곡선의 특징

① MP곡선이 AP곡선의 위에 위치하면 AP곡선이 상승한다.
② MP곡선이 AP곡선 아래에 위치하면 AP곡선이 하강한다.
③ AP곡선의 극대점에서 MP곡선과 AP곡선이 교차한다.

그림 7 1 총생산물, 한계생산물 및 평균생산물곡선간의 관계

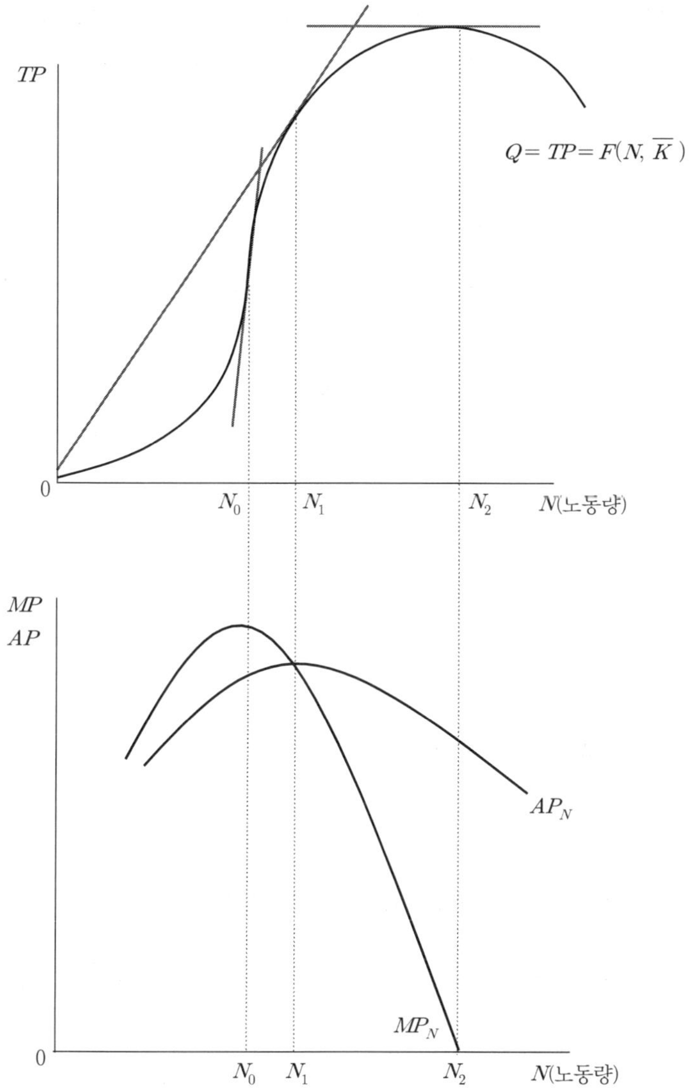

(6) 장기생산함수(长期生产函数)

장기에서는 생산자가 노동뿐아니라 자본량도 조절가능하다. 즉 모든 생산요소를 조절 가능하므로 장기생산함수 $Q=F(N,\ K)$와 같이 쓸 수 있다.

1) 등량곡선(等量曲线)

등량곡선은 어떤 상품을 생산하는데 있어서 동일한 수준의 산출량을 효율적으로 생산해낼 수 있는 여러 가지 생산요소의 조합을 연결한 곡선을 가리킨다.

그림 7 2 등량곡선

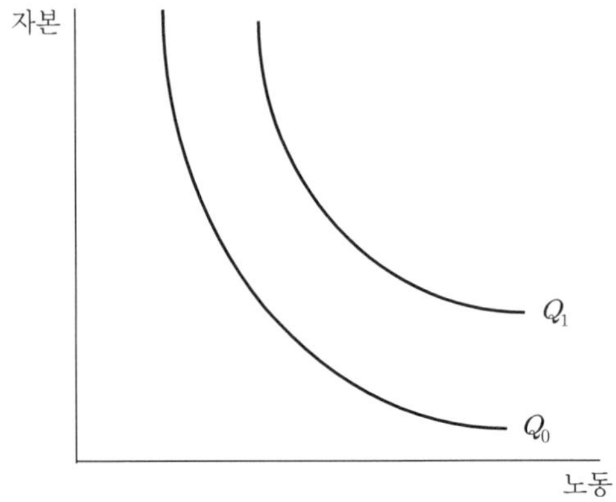

2) 등량곡선의 성질(等量曲线的性质)

① 원점에서 멀수록 더 높은 산출량 표시

② 우하향한다.

③ 교차하지 않는다.

④ 원점에 대해 볼록하다 : 한계기술대체율 체감의 법칙

3) 노동과 자본의 한계기술대체율(劳动及资本的边际技术替代率)

노동과 자본의 한계기술대체율($MRTS$: marginal rate of technical substitution, 边际技术替代率) : 동일한 생산수준을 유지하면서 추가로 노동량을 한 단위 더 고용시 포기해야 하는 자본량을 의미한다. 등량곡선상의 한점에서의 $MRTS$는 등량곡선의 기울기로 나타난다.

$$MRTS = -\frac{\Delta K}{\Delta N}\Big|_{\overline{Q}} = \frac{MP_N}{MP_K}$$

4) 한계기술대체율체감의 법칙(边际技术替代率递减定理)

노동으로 자본을 대체해감에 따라 노동과 자본간의 한계기술대체율이 점점 감소하는 현상을 말한다.

(7) 특수한 형태의 등량곡선(等量曲线的特例)

1) 레온티에프(Leontief) 생산함수의 등량곡선(利昂提夫生产函数的等量曲线)

L자형 등량곡선의 형태를 취한다. 노동과 자본간의 결합비율이 일정한 경우 즉 고정투입비율이 존재하는 경우에 해당한다.

등량곡선의 수평선 부분 : $MPK > 0,\ MPN = 0\ (MRTS = 0)$
등량곡선의 수직선 부분 : $MPK = 0,\ MPN > 0\ (MRTS = \infty)$

그림 7 3 레온티에프 생산함수의 등량곡선

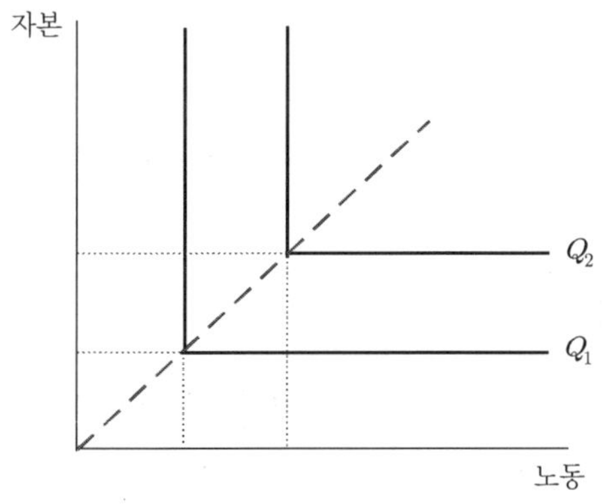

2) 요소간 완전대체재의 등량곡선(要素间完全替代物等量曲线)

등량곡선이 직선, 기울기 즉 한계기술대체율($MRTS$)이 일정불변인 경우이다. 두 요소간의 대체가 완전한 경우를 말한다.

그림 7 4 요소간 완전대체재의 등량곡선

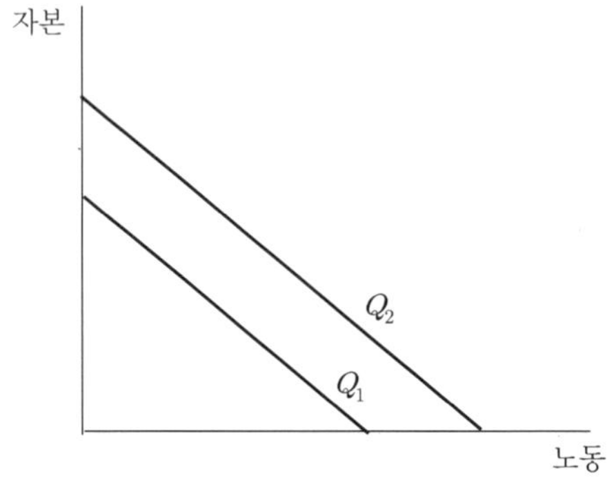

(8) 규모에 대한 보수(规模经济)

1) 규모에 대한 보수(规模经济)

규모에 대한 보수는 생산요소를 같은 비율로 증가시킬 때 산출량이 어떤 비율로 변하는가를 나타낸다.

① 총생산량이 생산요소증가와 동일한 비율로 증가하면 규모에 대한 보수불변
② 생산요소증가비율 보다 작은 비율로 증가하면 규모에 대한 보수감소
③ 큰 비율로 증가하면 규모에 대한 보수증가

③의 경우를 규모의 경제, ②의 경우를 규모의 비경제라 한다.

"규모의 경제"의 발생원인 : ㉠분업에 따른 전문화(숙련도 및 작업효율성 증가), ㉡경영의 효율성(일정 규모이상시 경영관리, 조직관리의 효율성 달성), ㉢금전상의 이득(대량구매, 판매 등에 따른 판매 · 운영비 절약)

반대로 "규모의 비경제"의 발생원인 : 규모가 지나치게 커지는 경우 각부문에 대한 통제가 어려워지고 관료화, 비대화로 인한 효율성 저하되는 경우에 발생한다.

2) 등량곡선과 규모에 대한 보수(等量曲线与规模经济)

그림 7 5 규모에 대한 보수 불변

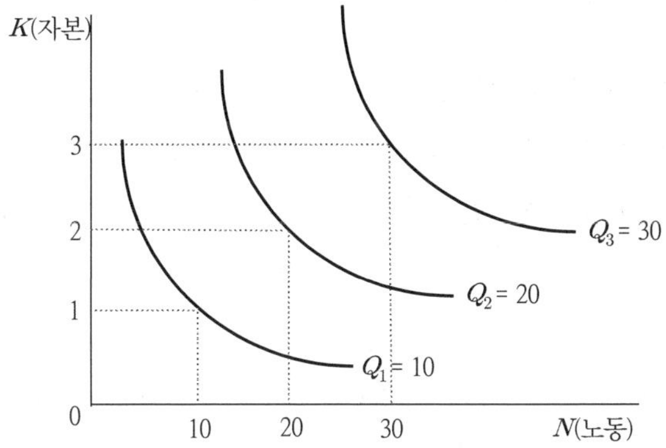

그림 7 6 규모에 대한 보수 증가

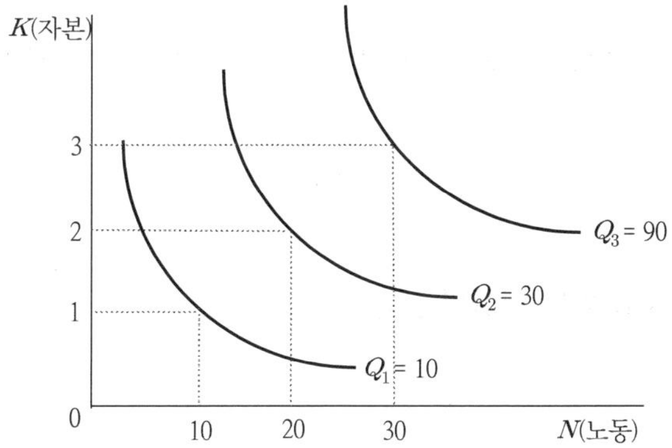

그림 7 7 규모에 대한 보수 감소

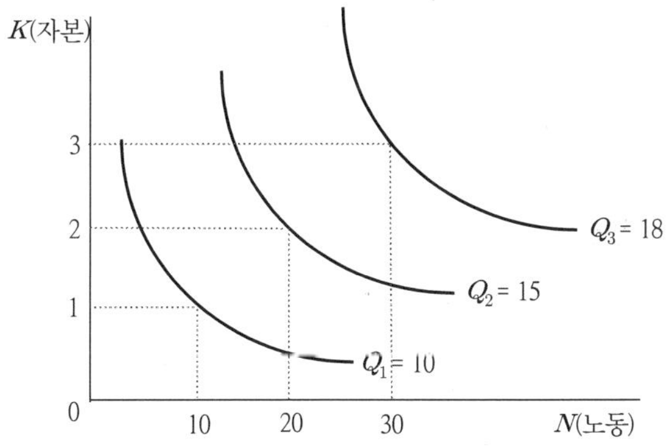

3) 동차생산함수(同次生产函数)

k차 동차성의 정의 : 생산함수 $Q=F(N, K)$에서 노동과 자본을 각각 λ배 만큼 증가시킬 때 $\lambda^k Q=F(\lambda N, \lambda K)$이 되면 이를 k차 동차생산함수라 한다.

이때 $k=1$이면 규모에 대한 보수불변,
$k>1$이면 규모에 대한 보수증가,
$k<1$이면 규모에 대한 보수감소를 나타낸다.

예 $\lambda=2$이고 $k=1$이면 $2^1 Q=F(2N, 2K)$ ⇒ 규모에 대한 보수불변
$k=2$이면 $2^2 Q=F(2N, 2K)$ ⇒ 규모에 대한 보수증가
$k=0.5$이면 $2^{0.5} Q=F(2N, 2K)$ ⇒ 규모에 대한 보수감소

(9) 콥-더글라스 생산함수(科布—道格拉斯生产函数)

경제학에서 가장 많이 쓰이는 생산함수이며 가장 전형적인 장기생산함수

$$Q=AN^{\alpha}K^{\beta}$$

◎ $(\alpha+\beta)=1$**인 콥-다글라스 생산함수의 특성**

① 1차동차

$$A(\lambda N)^{\alpha}(\lambda K)^{\beta}=\lambda^{\alpha}\lambda^{\beta}[AN^{\alpha}K^{\beta}]=\lambda^{\alpha+\beta}[AN^{\alpha}K^{\beta}]=\lambda^{\alpha+\beta}Q$$

여기서는 분석의 편의상 $\alpha+\beta=1$인 경우를 살핌

$$\therefore \ \beta=1-\alpha$$

② $Q=AN^{\alpha}K^{\beta}$

▪ **노동과 자본의 평균생산물**

$$AP_N=\frac{Q}{N}=A\left(\frac{K}{N}\right)^{1-\alpha}$$

$$AP_K=\frac{Q}{K}=A\left(\frac{K}{N}\right)^{-\alpha}$$

■ **노동과 자본의 한계생산물**

$$MP_N = \frac{\Delta Q}{\Delta N} = \alpha A(\frac{K}{N})^{1-\alpha}$$

$$MP_K = \frac{\Delta Q}{\Delta K} = (1-\alpha)A(\frac{K}{N})^{-\alpha}$$

노동과 자본의 평균생산물과 한계생산물은 노동과 자본의 절대량과 무관하며 상대적인 투입비 즉 자본-노동비율($\frac{K}{N} = k$)에 의존한다.

③ 노동의 산출탄력성은 α, 자본의 산출탄력성은 $1-\alpha$

■ **노동의 산출탄력성**

$$\varepsilon_N = \frac{\Delta Q/Q}{\Delta N/N} = \frac{\Delta Q}{\Delta N}\cdot\frac{N}{Q} = \frac{MP_N}{AP_N} = \frac{\alpha A(\frac{K}{N})^{1-\alpha}}{A(\frac{K}{N})^{1-\alpha}} = \alpha$$

■ **자본의 산출탄력성**

$$\varepsilon_K = \frac{\Delta Q/Q}{\Delta K/K} = \frac{\Delta Q}{\Delta K}\cdot\frac{K}{Q} = \frac{MP_K}{AP_K} = \frac{(1-\alpha)A(\frac{K}{N})^{-\alpha}}{A(\frac{K}{N})^{-\alpha}} = 1-\alpha$$

④ 오일러정리(Euler's theorem, 欧拉方程)

생산함수가 1차동차일 경우 각 생산요소에 대한 대가를 그 생산요소의 한계생산물만큼 지불하면 총생산물은 완전히 나누어진다는 것이다.

[증명] $MP_N \cdot N + MP_K \cdot K$

$$= \alpha A(\frac{K}{N})^{1-\alpha}\cdot N + (1-\alpha)A(\frac{K}{N})^{-\alpha}\cdot K$$
$$= \alpha A N^{\alpha}\cdot K^{1-\alpha} + (1-\alpha)AN^{\alpha}\cdot K^{1-\alpha}$$
$$= AN^{\alpha}\cdot K^{1-\alpha}$$
$$= Q$$

⑤ 노동의 소득분배율(= 노동소득 / 총소득) = α

자본의 소득분배율(= 자본소득 / 총소득) = $1-\alpha$

[증명] 노동의 소득분배율 $= \frac{\text{노동소득}}{\text{총소득}} = \frac{N \cdot MP_N}{Q} = \frac{N \cdot \alpha A N^{1-\alpha} K^{1-\alpha}}{A N^{\alpha} K^{1-\alpha}} = \alpha$

자본의 소득분배율 $= \frac{\text{자본소득}}{\text{총소득}} = \frac{K \cdot MP_K}{Q} = \frac{K \cdot (1-\alpha) A N^{\alpha} K^{-\alpha}}{A N^{\alpha} K^{1-\alpha}} = 1-\alpha$

7.2 생산자균형
生产者均衡

기업은 우선 노동과 자본을 어떤 비율로 결합함으로써 그 생산목표를 달성해야 좋을지 고려한다. 어떤 특정한 결합비율을 선택했다면, 그 선택의 배후에는 가장 적은 비용으로 생산목표를 달성해야 한다는 의도가 존재한다.

(1) 등비용곡선(等成本曲线)

1) 정의(定义)

주어진 총지출의 한도 안에서 투입할 수 있는 노동과 자본의 조합들을 나타내주는 직선이 등비용곡선(iso-cost curve, 等成本曲线)이다.

생산요소의 구입에 쓸 수 있는 총지출을 C원이라 하고 노동과 자본의 가격이 각각 w와 r로 주어졌다고 하면, 등비용곡선의 식은 다음과 같다.

$$wN + rK = C \quad \rightarrow \quad K = -\frac{w}{r}N + \frac{C}{r}$$

등비용곡선의 기울기는 노동과 자본의 상대적 가격비율과 같다. 수직축 위의 절편은 $\frac{C}{r}$로서 주어진 지출을 갖고 투입할 수 있는 최대한의 자본량이다.

그림 7 8 등비선

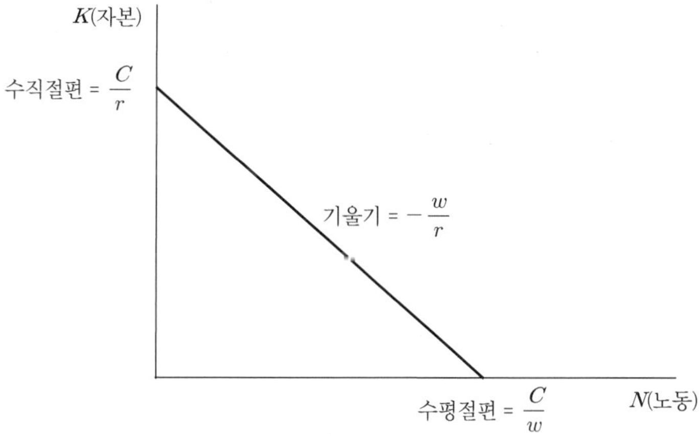

2) 등비선의 이동(等成本曲线的移动)

① **생산비의 변화**

등비용선은 총생산비가 변화하는 경우 평행이동한다. 생산비의 증가는 등비선의 우측 평행이동을 가져오고, 생산비의 감소는 등비선의 좌측 평행이동을 야기한다. 노동과 자본의 가격이 동시에 하락하는 경우에도 등비선의 우측이동을 야기한다.

그림 7 9 등비선의 이동 : 평행이동

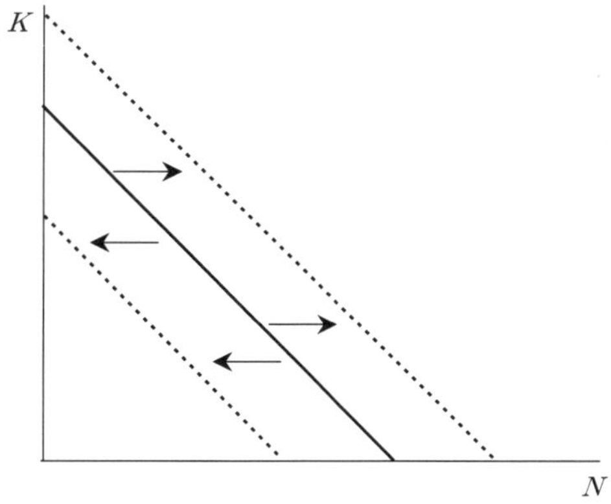

② **요소가격비의 불비례적인 변화**

자본가격 하락(상승)시 주어진 예산으로 보다 많은(적은) 자본을 고용할 수 있으므로 등비선은 X축을 기준축으로 우측(좌측)으로 회전한다.

그림 7 10 자본가격의 변화와 등비선의 이동

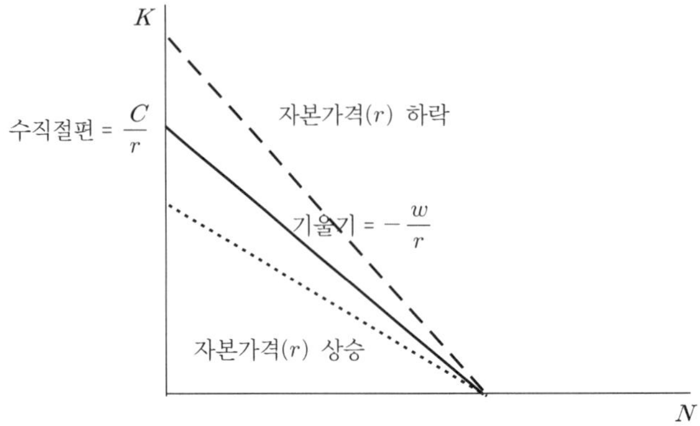

노동가격(임금)이 하락(상승)시 주어진 예산으로 보다 많은(적은) 노동을 고용할 수 있으므로 등비선은 Y축을 기준축으로 우측(좌측)으로 회전한다.

그림 7 11 노동가격의 변화와 예산선의 이동

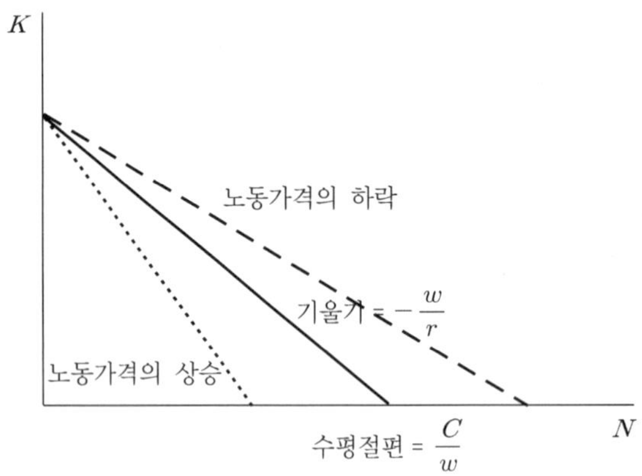

(2) 생산자균형 조건(비용최소화의 조건)(生产者均衡条件(成本最少化条件))

생산자균형은 등량곡선과 등비곡선이 접하는 점에서 달성된다(<그림7-12>의 E점). 따라서 비용극소화의 조건은 등량곡선의 기울기인 한계기술대체율($MRTS$: marginal rate of technical substitution)과 등비선의 기울기인 상대요소 가격비가 같아진다는 것이다. 이를 한계생산력균등의 법칙이라고도 한다.

$$MRTS_{N,K}(=\frac{MP_N}{MP_K})=\frac{w}{r} \quad \rightarrow \quad \frac{MP_N}{w}=\frac{MP_K}{r}$$

그림 7　12　생산자균형

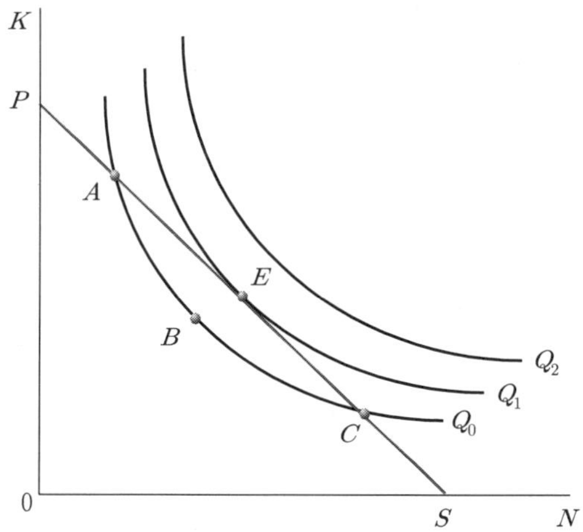

Chapter 07 연습문제(练习问题)

1. 생산함수란?

① 물적 요소간의 관계
② 물적 투입과 화폐적 생산과의 관계
③ 화폐적 투입과 화폐적 생산간의 관계
④ 투입요소와 생산물과의 관계
⑤ 화폐적 투입과 물적 투입과의 관계

생산함수란 기업이 어떤 생산물을 산출하기 위해서 생산요소를 투입할 때 그 생산요소의 물적 투입(input)과 생산물의 물적 산출(output) 사이에는 일정한 기술적 요소가 존재한다. 이 기술적 관계를 함수형태로 표시한 것이 생산함수이다.

2. 평균생산(AP)과 한계생산(MP)의 관계를 올바르게 나타내는 것은?

① AP가 증가할 때 MP는 계속 증가한다.
② AP가 감소할 때 MP는 AP보다 크다.
③ AP가 극대일 때 MP는 AP와 같다.
④ AP가 MP와 일치할 때 생산량은 극대이다.
⑤ AP가 증가할 때 MP는 AP보다 작다.

평균생산(AP)과 한계생산(MP)간의 관계는 다음과 같다. ① AP가 증가할 때 $MP > AP$이다. ② AP가 극대일 때 $MP = AP$ 이다. ③ AP가 감소할 때 $MP < AP$이다.

3. 생산이론 중에서 총생산량과 한계 및 평균생산과의 관계를 설명한 것으로 올바른 것은?

① 한계생산이 평균생산보다 작으면 한계생산은 감소한다.
② 한계생산이 평균생산보다 크면 총생산은 감소한다.
③ 한계생산이 평균생산보다 작으면 평균생산은 증가한다.
④ 한계생산이 0이면 총생산량은 감소한다.
⑤ 한계생산과 평균생산이 같으면 총생산량은 감소한다.

평균생산(AP)과 한계생산(MP)간의 관계는 다음과 같다. ① AP가 증가할 때 $MP > AP$이다. ② AP가 극대일 때 $MP = AP$ 이다. ③ AP가 감소할 때 $MP < AP$이다.

4. 등량곡선에 대한 설명으로 옳지 않은 것은? 94 CPA

① 등량곡선은 우하향하므로 한계기술대체율은 체감한다.
② 등량곡선은 교차하지 않는다.
③ 등량선은 원점에 대해 볼록하다.
④ 원점에서 멀어질수록 더 많은 생산량을 나타낸다.
⑤ 두 생산요소가 완전보완적이면 등량곡선은 L자형태이다.

한계기술대체율이 체감하는 때문에 등량곡선이 원점에 대해 볼록하다.

5. 사과생산에 있어서 만약 토지 1단위의 비용이 100원이고, 노동 1단위당 비용이 500원이라면, 사과생산자가 최소비용상태에 있기 위해서는?

① 토지의 한계생산이 노동의 한계생산의 5배가 되도록 하여야 한다.
② 토지의 한계생산과 노동의 한계생산이 같도록 하여야 한다.
③ 노동의 한계생산이 토지의 한계생산의 5배가 되도록 하여야 한다.
④ 사용된 토지의 양이 사용된 노동의 양의 5배가 되도록 하여야 한다.
⑤ 사과의 가격을 알지 못하므로 무엇이라 말할 수 없다.

비용극소화의 조건은 등량곡선의 기울기인 한계기술대체율($MRTS$: marginal rate of technical substitution)과 등비선의 기울기인 상대요소 가격비가 같아진다는 것이다.

$$MRTS_{N,K}\left(=\frac{MP_N}{MP_K}\right)=\frac{w}{r} \rightarrow \frac{MP_N}{w}=\frac{MP_K}{r}$$

6. 규모에 대한 보수 불변인 경우, 노동의 한계생산물의 변화에 관한 설명 중 옳은 것은?

① 한계생산물이 체감한다.
② 한계생산물이 불변이다.
③ 한계생산물이 0이다.
④ 한계생산물이 체증한다.
⑤ 정답이 없다.

한계생산물(수확) 체감의 법칙은 규모에 대한 보수에 관계없이 성립가능하다.

7. 등비용선은?

① 다른 등비용곡선과는 절대로 교차하지 않는다.
② 최적 요소결합을 나타낸다.
③ 서로 다른 산출량에서의 생산함수를 나타낸다.
④ 주어진 총비용에서 기업이 구입할 수 있는 요소의 결합을 나타낸다.
⑤ 서로 다른 총비용에서의 요소비용간의 관계를 나타낸다.

등비용선은 총비용으로 최대한 구입가능한 생산요소의 조합을 나타낸다. 소비자선택이론의 가격선과 비슷한 개념이다.

8. 생산자균형점에서는?

① 등량곡선이 등비용곡선에 접한다.
② 한계생산의 비와 요소가격비가 같다.
③ 한계기술대체율($MRTS$)과 요소가격비가 같다.
④ 한계기술대체율과 한계생산의 비가 같다.
⑤ 상기 전부가 성립한다.

비용극소화의 조건은 등량곡선의 기울기인 한계기술대체율($MRTS$: marginal rate of technical substitution)과 등비선의 기울기인 상대요소 가격비가 같아진다는 것이다.

$$MRTS_{N,K}(=\frac{MP_N}{MP_K}) = \frac{w}{r} \rightarrow \frac{MP_N}{w} = \frac{MP_K}{r}$$

9. $MRTS_{N,K}(=\frac{MP_N}{MP_K}) < \frac{w}{r}$일 때 기업의 합리적 행동은?

① 노동투입을 증대시키고 자본투입을 감소시킨다.
② 노동투입을 감소시키고 자본투입을 증대시킨다.
③ 두 요소의 투입을 모두 증대시킨다.
④ 두 요소의 투입을 모두 감소시킨다.
⑤ 두 요소의 투입을 변화시키지 않는다.

$\frac{MP_N}{MP_K} < \frac{w}{r}$ 이므로 $\frac{MP_N}{w} < \frac{MP_K}{r}$ 이 성립하여 화폐1단위당 자본의 생산성이 노동의 생산성보다 크므로 자본투입을 늘리고 노동투입을 감소시켜야 한다.

10. Cobb-Douglas 생산함수($Q = AN^{\alpha}K^{\beta}$)의 설명 중 틀린 것은?

① A는 상수이다.
② 2 투입물, 1 산출물형의 생산함수이다.
③ 수확불변을 가정하고 있다.
④ 완전배분의 정리가 성립한다.
⑤ $(1-\alpha)$는 생산의 노동탄력성을 나타낸다.

Cobb-Douglas 생산함수의 성질은 다음과 같다. ① 1차동차생산함수, 수확불변, 선형 동차함수, ② 오일러정리의 성립으로 소득의 완전배분, ③ A는 기술적 효율성을 나타내는 파라미터, ④ α는 노동의 분배율, 산출량의 노동탄력성을 나타냄, ⑤ $1-\alpha$는 자본의 분배율, 산출량의 자본탄력성을 나타낸다.

Chapter 08 비용이론

成本理論

- 명시적 비용과 경제적 비용
- 단기비용, 장기비용
- 총비용, 평균비용, 한계비용
- 고정비용, 가변비용
- 최적산출량
- 등비용선
- 규모에 대한 보수불변, 보수체증, 보수불변
- 범위의 경제

Summary

① 비용의 개념
② 단기에서의 총비용, 평균비용, 한계비용의 관계
③ 단기생산함수와 단기비용곡선
④ 최소비용의 원칙 또는 최대산출량의 원칙
⑤ 단기비용곡선과 장기비용곡선의 관계
⑥ 장기비용과 규모에 대한 보수

8.1 비용의 개념
成本的概念

경제학에서 비용은 기회비용 개념이다.

기업이 실제로 화폐를 지불한 비용 즉 임금, 원료비, 임대료, 세금 등을 명시적 비용(explicit cost, 회계적 비용, 显性成本)이라 한다. 그러나 경제적 비용(economic cost, 经济的成本)에는 지불하지는 않지만 기업가 자신이 가지고 있는 노동, 자본, 토지, 경영활동 등 생산요소에 대한 대가(귀속임금, 귀속이자, 귀속지대, 정상이윤) 즉 이를 잠재적 비용, 귀속비용, 묵시적 비용을 포함한다. 왜냐하면 경제학에서 비용은 기회비용 개념이기 때문이다.

경제적 비용 = 명시적 비용 + 잠재적 비용

8.2 단기비용함수와 단기비용곡선
短期成本函数与短期成本曲线

(1) 단기의 개념(短期的概念)

단기란 고정요소가 존재하는 경우를 말한다. 생산량의 증감에 관계없이 발생하는 고정비용이 존재하면 단기비용(고정요소가 존재하지 않는 경우를 장기비용)이다.

(2) 총비용(总成本)

단기의 총비용(TC) = 총고정비용(TFC) + 총가변비용(TVC)

① 총고정비용(TFC: total fixed cost, 总固定成本)은 매기당 고정요소에 대해 지불하는 비용을 말한다. 단기에 자본시설, 토지, 건물, 설비 등의 임대료, 설비기계의 감가상각비 등은 고정되어 있고 생산을 하든 안하든 지불해야 하는 비용이 여기에 해당된다.

② 총가변비용(TVC: total variable cost, 总可変成本)은 가변요소에 대해 지불하는 비용을 가리킨다. 생산량 증가에 따라 늘어나는 비용 즉 임금, 원료비, 연료비 등이 여기에 해당된다.

(3) 총비용함수(总成本函数)

총비용함수란 각 생산량에 대응하는 최소의 총비용을 나타낸다. 즉 가장 우수한 기술을 이용하여 생산할 때 드는 비용을 말한다.

총비용곡선 = 총가변비용곡선 + 총고정비용곡선

1) 총비용곡선(总成本曲线)

① 총가변비용곡선의 형태

처음에는 체감적으로 증가하다가 일정 생산량 이상이 되면 체증적으로 증가한다. 이는 총생산함수의 형태가 처음에는 수확체증하다가 수확체감하는 형태를 취하기 때문이다.

그림 8 1 생산함수와 총가변비용

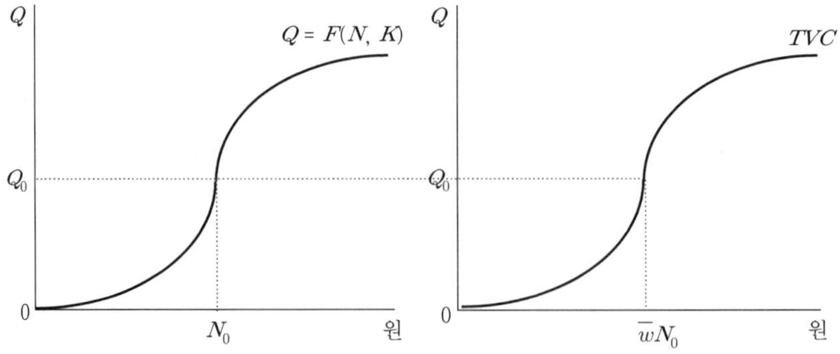

자본량이 일정하게 주어져 있을 때 Q_0만큼 생산하기 위해서 노동을 N_0만큼 고용하면 임금이 일정할 경우 총가변비용은 $\overline{w}N_0$로 각 산출량수준에서 총가변비용곡선은 <그림 8-1>과 같이 된다. 총가변비용곡선을 횡축을 산출량으로 표시한다.

② **총고정비용**(总固定成本)
생산량의 변화에 관계없이 일정하다. 따라서 총고정비용수준에서 수평으로 나타난다.

③ **총비용곡선의 형태**(总成本曲线的各种形态)

그림 8 2 총비용, 총가변비용, 총고정비용곡선

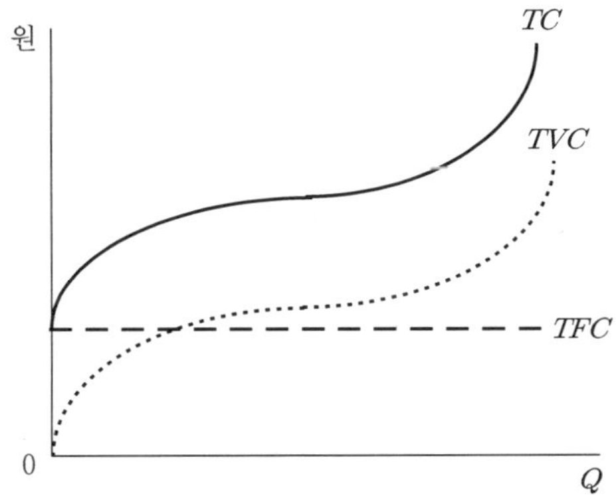

(4) 평균비용(Average cost : AC, 平均成本)

평균비용은 총비용을 생산량으로 나눈 것이다. 즉 생산물 1단위당 생산비를 의미한다.

평균비용 = 평균가변비용 + 평균고정비용

$$AC = \frac{TC}{Q} = \frac{TVC}{Q} + \frac{TFC}{Q} = AVC + AFC$$

- 평균고정비용 : 직각쌍곡선 형태를 취하여 생산량과 평균비용을 곱한 면적 즉 총고정비용은 생산량과 관계없이 동일하다.

그림 8 3 총고정비용과 평균고정비용

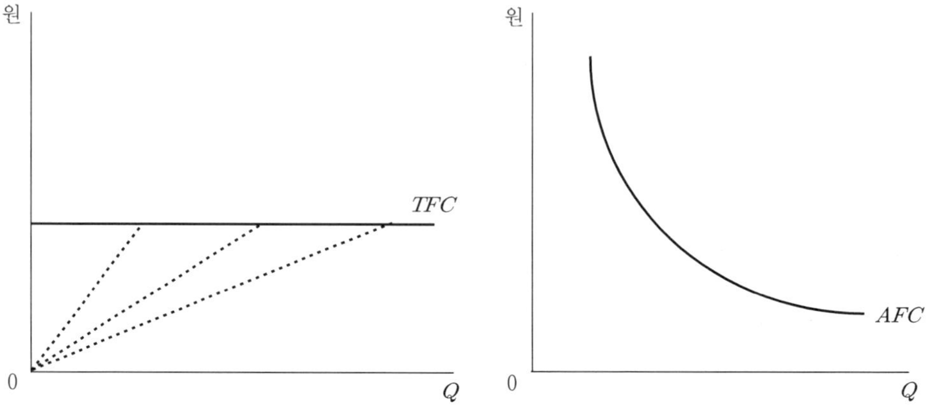

(5) 평균비용과 평균생산물의 관계(平均成本与平均产量的关系)

평균가변비용은 노동 1단위당 임금을 노동의 평균생산물로 나눈 것과 같다.

$$AVC = \frac{TVC}{Q} = \frac{\overline{w} \cdot N}{Q} = \frac{\overline{w}}{Q/N} = \frac{\overline{w}}{AP_N}$$

노동의 평균생산물은 단기에 있어서 처음에는 증가하다가 최대점이후 감소한다. 평균가변비용은 노동의 평균생산물과 역의 관계에 있으므로 처음에는 감소하다가 나중에는 증가하는 U자 형태를 취한다.

평균비용은 평균가변비용과 평균고정비용의 합이므로 다음과 같이 나타낼 수 있다.

$$AC = AVC + AFC = \frac{\overline{w}}{AP_N} + AFC$$

그림 8 4 평균생산물과 평균가변비용

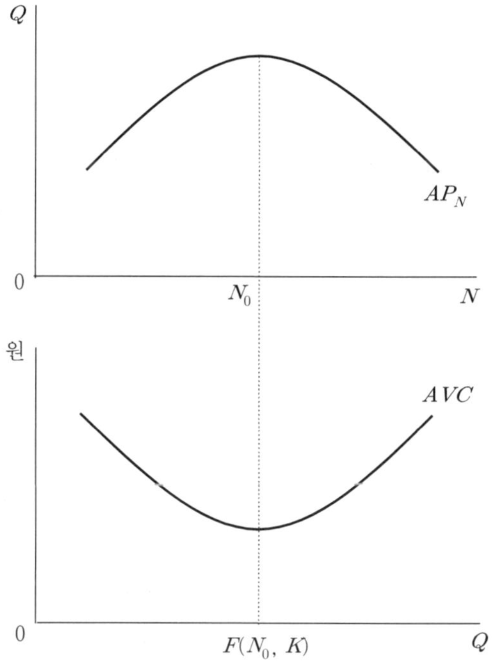

(6) 한계비용(Marginal cost : MC, 边际成本)

한계비용(MC)은 생산량이 한 단위 증가할 때 추가적으로 증가하는 총비용을 말한다.

$$MC=\frac{\Delta TC}{\Delta Q}=\frac{\Delta TVC}{\Delta Q}+\frac{\Delta TFC}{\Delta Q}=\frac{\Delta TVC}{\Delta Q}(\because \Delta TFC=0)$$

(7) 한계비용과 한계생산물과의 관계(边际成本与边际产量的关系)

한계비용은 한계생산물과 역의 관계에 있다.

$$MC=\frac{\Delta TVC}{\Delta Q}=\frac{\overline{w}\cdot\Delta N}{\Delta Q}=\frac{\overline{w}}{\Delta Q/\Delta N}=\frac{\overline{w}}{MP_N}$$

그림 8 5 총비용, 총가변비용, 총고정비용곡선

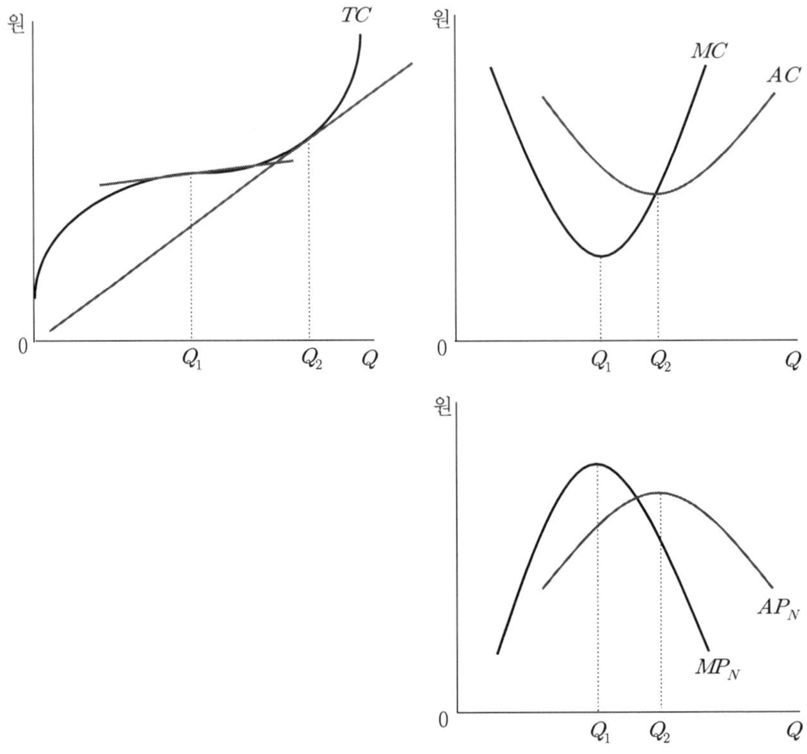

(8) 비용곡선들간의 관계(成本曲线之间的关系)

① 평균비용(AC)곡선, 평균가변비용(AVC)곡선, 한계비용(MC)곡선은 U자형을 띤다. 평균고정비용(AFC)곡선만 우하향하는 직각쌍곡선 형태를 가진다.

② 평균가변비용곡선은 평균비용곡선 아래에 위치한다. 왜냐하면 평균비용은 평균가변비용과 평균고정비용의 합이고 평균비용과 평균가변비용과의 차는 평균고정비용을 의미하기 때문이다.

③ 평균고정비용은 생산량증가에 따라 계속적으로 감소한다. 이에 평균가변비용은 점점 평균비용에 접근한다.

④ 평균가변비용의 최저점은 평균비용보다 왼쪽에 위치한다. 평균가변비용이 최저점에 도달하는 경우에도 평균고정비용이 계속적으로 감소하기 때문이다.

⑤ 평균비용의 최저점에 대응하는 산출량은 단기에 주어진 고정요소와 가변요소가격 조건

하에서 최소비용으로 생산되는 유일한 산출량수준이므로 최적산출량(optimum rate of output, 最佳产量)이다.

⑥ 총비용은 평균비용곡선 아래의 직사각형 면적으로 표시된다.

그림 8 6 단기비용곡선들간의 관계

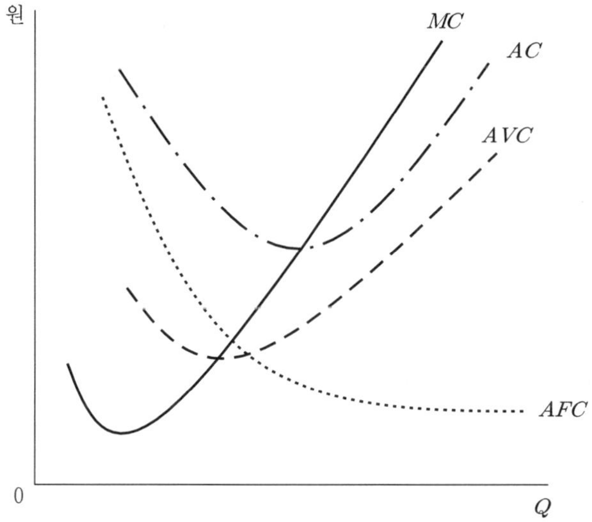

8.3 장기비용함수 长期成本函数

(1) 장기비용함수(长期成本函数)

장기에서는 생산설비를 포함한 자본도 가변적이다. 모든 생산요소가 가변적이므로 고정비용이 없고 모든 비용은 가변비용이 된다. 장기비용함수(long-run total cost function : $LRTC$, 长期成本函数)는 모든 생산요소의 투입량을 변화시킬 수 있는, 곧 생산량에 따라 생산시설의 규모까지 변화시킬 수 있는 장기에서 가장 효율적인 방법으로 생산할 때의 생산량과 생산비간의 관계를 말한다.

(2) 장기비용곡선과 단기비용곡선(长期成本函数与短期成本曲线)

<그림 8-7>에서와 같이 장기비용곡선과 단기비용곡선간에는 다음과 같은 관계가 성립한다.

① 장기총비용($LRTC$)곡선 : 단기총비용곡선의 포락선

② 장기평균비용($LRAC$)곡선 : 단기평균비용곡선의 포락선이다. 이 포락선은 단기평균비용곡선의 최저점을 이은 것이 아니라 각 생산량에서 단기평균비용이 최저가 되는 점들을 이은 것이다.

③ 장기한계비용($LRMC$)곡선 : 각 생산량에서 장기평균비용곡선과 접하는 단기평균비용곡선의 한계비용

장기에서도 단기에서와 같이 다음의 관계가 성립한다.

- 장기한계비용 < 장기평균비용이면 장기평균비용 하락
- 장기한계비용 > 장기평균비용이면 장기평균비용 상승

따라서 $LRMC$ 곡선은 $LRAC$ 곡선의 최하점을 통과한다.

그림 8 7 단기비용함수와 장기비용함수의 관계

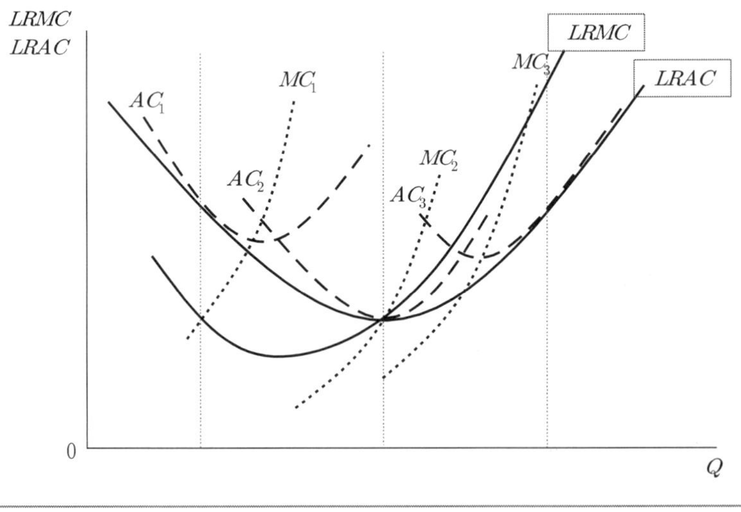

(3) 장기비용과 규모에 대한 보수(长期成本与规模经济)

1) 규모에 대한 보수불변(constant returns to scale, 规模的报酬不变)

각 생산요소의 투입량을 동일한 비율로 증가시키면 생산량도 동일하게 증가하여 평균비용이 불변인 경우이다. 이러한 생산함수를 일차동차생산함수라 한다. 이 경우에는 총비용은 생산량과 동일한 비율로 증가하므로 장기총비용곡선은 <그림 8-8>의 $LRTC_1$곡선과 같이 원점을 지나는 직선이 되고, 장기평균비용은 생산량과 상관없이 일정하므로 장기평균비용곡선은 $LRAC_1$과 같이 수평선이 된다.

2) 규모에 따른 보수체증(increasing returns to scale, 规模的报酬递增)

생산의 규모가 커질수록 생산단가가 낮아질 때 규모의 경제(economies of scale)가 존재한다고 한다. 혹은 규모에 따른 보수체증이라고 한다. 이처럼 규모의 경제가 존재할 때는 장기에서 생산량이 증가할수록 장기평균비용이 감소한다. 장기총비용곡선은 <그림 8-8>의 $LRTC_2$와 같이 생산량이 증가할수록 기울기가 감소하며, 장기평균비용곡선은 $LRAC_2$와 같이 우하향한다.

3) 규모에 대한 보수체감(decreasing returns to scale, 规模的报酬递减)

장기에서 생산량이 증가할수록 장기평균비용이 증가하는 경우이다. 이를 규모의 불경제(diseconomies of scale)라 한다. 이때 장기총비용곡선은 <그림 8-8>의 $LRTC_3$과 같이 생산량이 증가할수록 기울기가 커지며, 장기평균비용곡선은 $LRAC_3$와 같이 우상향한다.

그림 8 8 장기총비용곡선과 장기평균비용곡선

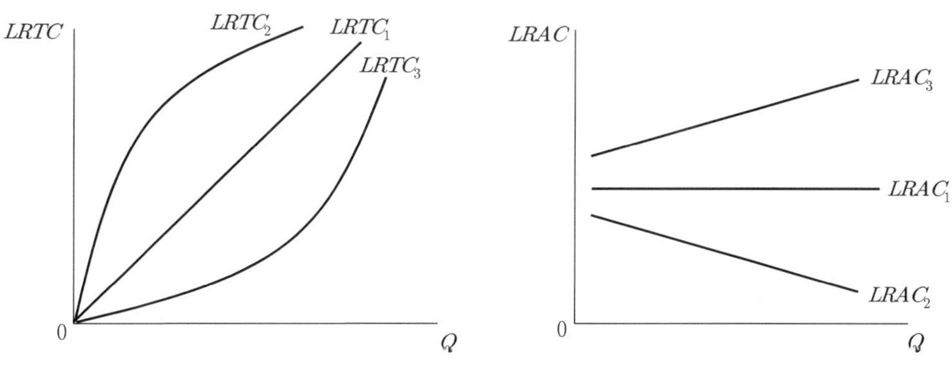

(4) 범위의 경제(范围经济)

기업이 하나의 상품만을 생산하는 것보다 한 기업이 이 두 상품을 동시에 생산하는 것이 비용의 측면에서 더욱 유리할 수 있다. 이를 범위의 경제(economies of scope, 范围经济)라 한다. 결합생산물(joint products, 联合产品)의 경우 범위의 경제가 나타날 수 있다.(예 구두와 핸드백, 쇠고기와 소가죽, 닭고기와 계란) 결합생산이 일어나는 것은 어떤 투입요소가 공동투입요소의 역할하기 때문이다. 생산시설이나 유통망의 경우처럼 여러 가지의 다른 상품을 생산하는 데 공동으로 사용하기 좋은 투입요소가 존재할 경우에도 범위의 경제가 생길 수 있다.

Chapter 08 연습문제(练习问题)

1. 단기에 있어서 100단위의 상품을 생산하는 기업의 평균총비용(AC)이 ₩200이고 평균가변비용(AVC)이 ₩150이라고 하면, 이 회사의 그 상품생산에 따르는 총고정비용(TFC)은 얼마인가?

① ₩500 ② ₩0.5 ③ ₩50
④ ₩5,000 ⑤ ₩3,500

총비용 = 총가변비용 + 총고정비용 ⇔ $TC = TVC + TFC$
평균비용 = 평균가변비용 + 평균고정비용 ⇔ $AC = AVC + AFC$
이상의 비용간의 관계를 이용하여 문제에서 주어진 $AC = 200$, $AVC = 150$, $Q = 100$를 이용하여 TFC를 구하면 된다.

2. 평균가변비용은 평균비용의 어디에 위치하는가? 93 사법고시

① 아래에 있다.
② 위에 있다.
③ 아래나 위에 있다.
④ 생산량에 따라 아래일 수도 위일 수도 있다.
⑤ 시설규모에 따라 아래일 수도 위일 수도 있다.

$AC = AFC + AVC$ 이므로 $AC > AVC$ 성립한다.

3. 평균비용곡선이 U자형을 이루는 경우 평균비용(AC)과 한계비용(MC) 사이의 관계는?

① AC가 하락할 때 MC는 항상 하락한다.
② AC가 하락할 때 MC는 항상 상승한다.
③ AC가 상승할 때 MC는 항상 하락한다.
④ AC가 상승할 때 MC는 항상 상승한다.
⑤ MC가 상승할 때 AC는 항상 상승한다.

평균비용과 한계비용간의 관계

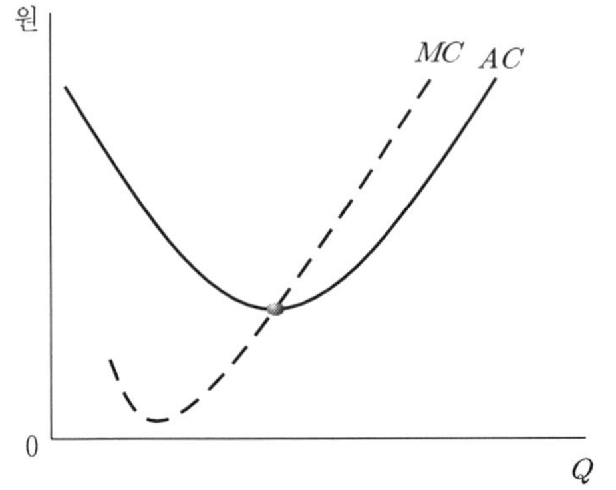

4. 단기비용함수에 대한 설명 가운데서 옳지 않은 것은?

① 평균비용이 상승하고 있을 때는 평균비용이 한계비용보다 작다.
② 평균비용이 하락하고 있을 때는 평균비용보다 한계비용이 낮다.
③ 산출량이 증가하면 평균고정비용은 계속 하락한다.
④ 평균비용이 상승하고 있을 때는 한계비용도 계속 상승한다.
⑤ 평균비용이 하락하고 있을 때는 한계비용도 계속 하락한다.

단기비용곡선들간의 관계

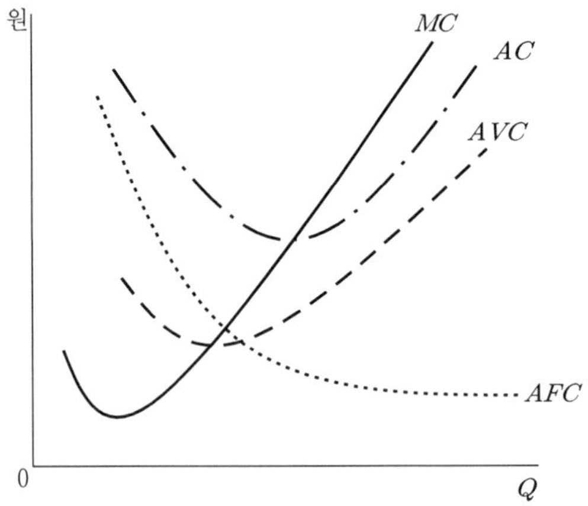

5. 기업이 한계수입과 한계비용이 같은 산출량을 생산하고 있을 때 다음 중 옳은 것은? 95 사법고시

① 생산량 증가는 총이윤을 증가시킬 것이다.
② 생산량 증가는 한계이윤을 증가시킬 것이다.
③ 어떤 생산량변화도 총이윤을 감소시킬 것이다.
④ 어떤 생산량변화도 한계이윤을 감소시킬 것이다.
⑤ 이상 아무 것도 아니다.

$MR = MC$인 경우에 이윤극대화가 이루어지므로 어떤 생산량변화도 총이윤을 감소시킨다.

6. 다음 중 장기 평균비용곡선과 단기 평균비용곡선과의 관계를 바르게 설명한 것은?

① 장기 평균비용곡선은 단기 평균비용곡선들의 최저점을 통과한다.
② 장기 평균비용곡선은 단기 평균비용곡선들과 접하지 않는다.
③ 장기 평균비용곡선은 단기 평균비용곡선들의 어느 한 점들을 이은 선이다.
④ 장기 평균비용곡선은 단기 평균비용곡선들을 교차한다.
⑤ 장기 평균비용곡선은 U자형이나 단기 평균비용곡선은 S자이다.

장기평균비용($LRAC$)곡선 : 단기평균비용곡선의 포락선이다. 이 포락선은 단기평균비용곡선의 최저점을 이은 것이 아니라 각 생산량에서 단기평균비용이 최저가 되는 점들을 이은 것이다.

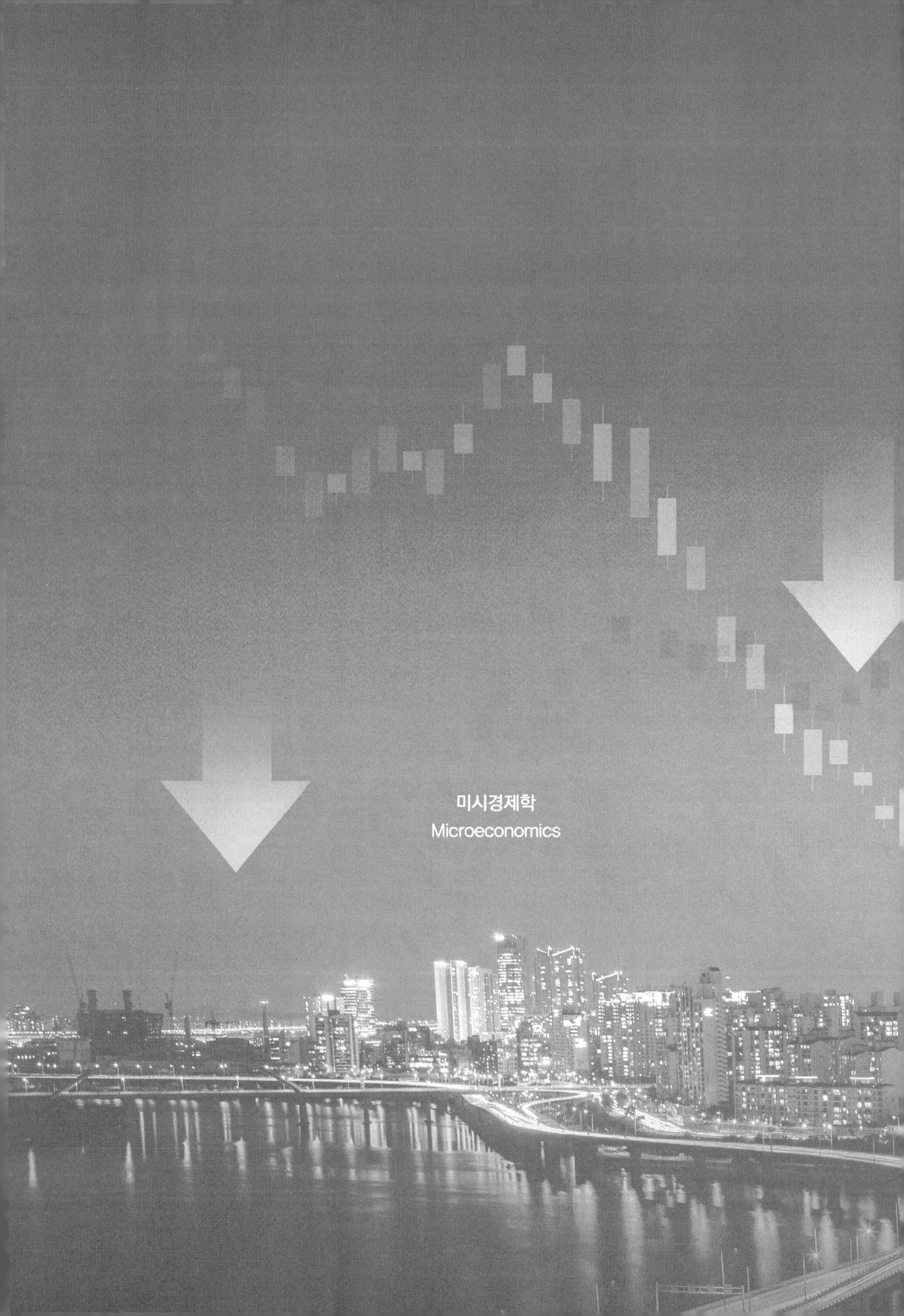
미시경제학
Microeconomics

Part 5

시장이론
市场理論

Chapter 09. 상품시장의 형태
商品市场的类型

Chapter 10. 완전경쟁시장
完全竞争市场

Chapter 11. 독점시장
垄断市场

Chapter 12. 독점적 경쟁시장
垄断竞争市场

Chapter 13. 과점시장
寡头市场

Chapter 09 상품시장의 형태

商品市场的类型

- 완전경쟁시장
- 독점시장
- 과점시장
- 독점적경쟁시장
- 진입장벽
- 비가격경쟁
- 이윤, 총비용, 총수입
- 한계수입과 한계비용

Summary

① 생산물시장의 형태별 특징
② 기업의 이윤과 수입
③ 기업의 이윤극대화 생산량 도출
④ 기업의 다른 목표들

9.1 상품시장의 형태
商品市场的类型

상품(생산물)시장은 그 특징에 따라서 완전경쟁(perfect competition, 完全竞争), 독점(monopoly long, 垄断), 과점(oligopoly, 寡头垄断), 독점경쟁(monopolistic competition, 垄断竞争)으로 분류된다.

표 9 1 상품(생산물)시장의 형태

시 장	생산기업	상품의 동질성	기업의 가격통제력	경쟁수단	예
완전경쟁시장	무수히 많음	동질적	전혀 없음	가격경쟁	농산물시장, 증권시장
독점시장	하 나	동질적	완전한 통제	없 음	담배, 전기, 전화, 철도
과점시장	소 수	동질적	상당히 큼	주로 비가격경쟁	자동차, 설탕 등 다수
독점적 경쟁시장	다 수	이질적	상당히 큼	주로 비가격경쟁	식당, 약국

각 시장형태의 특성은 다음과 같다.

1) 판매자 수(卖者数)

완전경쟁시장은 다수의 판매자(seller, 卖者)가 존재하며, 그 반대의 극단이라고 할 수 있는 독점시장은 오직 하나의 판매자만이 존재한다. 과점시장은 소수의 기업, 독점경쟁시장의 경우 판매자의 숫자가 많다.

시장형태를 구분할 때 구매자(buyer, 买者)의 숫자는 충분히 크다고 전제하는 것이 보통이며, 구매자가 하나인 특수한 경우를 수요독점(monopsony, 买方垄断)이라 한다.

2) 개별기업의 가격에 대한 영향력(对个别企业价格的影响)

완전경쟁시장에서 기별기업이 가격에 영향을 미칠 가능성은 전혀 없다. 독점기업은 가격에 상당한 영향력을 행사할 수 있으며, 과점시장과 독점적 경쟁시장은 이 두 극단의 중간 정도에 해당한다.

3) 상품의 동질성 여부(商品质量相同与否)

완전경쟁시장은 거래되는 모든 상품이 완전히 동질적이다. 독점적 경쟁시장의 경우에는 차별화(differentiation, 差別化)현상이 나타난다. 과점시장에서는 모든 상품이 동질적일 경우도 있고 기업마다 조금씩 다른 상품을 만들어 파는 경우도 있다.

4) 진입장벽의 존재(进入障碍的存在)

완전경쟁시장에서는 일체의 진입장벽(entry barrier, 进入障碍)이 존재하지 않고, 독점적 경쟁시장에서도 진입장벽은 존재하지 않는 것이 보통이다. 그러나 독점시장에서는 진입의 기회가 거의 완벽하게 봉쇄된다. 과점시장에서는 진입장벽이 상당한 정도로 존재한다.

5) 비가격경쟁의 존재(非价格竞争的存在)

비가격경쟁(non-price competition, 非价格竞争)이란 가격 이외의 수단, 예를 들어 상품의 질, 서비스, 광고 등에 의해 기업들 사이에서 경쟁을 벌이는 것이다. 완전경쟁시장에서는 비가격경쟁이 거의 존재하지 않는다. 과점시장과 독점경쟁시장에서는 비가격경쟁이 매우 흔하게 일어난다.

표 9 2 경쟁에 따른 시장별 비교

구 분	경쟁시장		과점시장		독점시장
공급자수	다 수		소 수		1개
진입장벽	없 음		높 음		매우 높음
기업의 가격 통제력	없 음		있 음		절대적
가 격	경쟁가격	<	과점가격	<	독점가격
생산량	경쟁생산량	>	과점생산량	>	독점생산량
개별업체이익	경쟁이익	<	과점이익	<	독점이익
사회전체후생	경쟁후생	>	과점후생	>	독점후생

9.2 기업의 이윤과 수입
企业的利润与收入

기업이 상품을 판매할 때 한 개당 얻을 수 있는 수입은 평균수입(AR : average revenue, 平均收入)이다. 상품가격에 판매량을 곱하면 총수입을 계산할 수 있다. 상품 한 단위를 더 팔았을 때 추가로 얻는 수입을 한계수입(MR : marginal revenue, 边际收入)이라 한다.

기업의 이윤과 수입은 다음과 같이 정의된다.

- 총이윤(이윤) = 총수입 − 총비용
- 총수입(TR : total revenue) = 총판매액 = 총생산량(Q) × 생산물가격(P)
- 평균수입(AR : average revenue) = $\frac{TR}{Q}$ = 가격
- 한계수입(MR : marginal revenue) = $\frac{dTR}{dQ}$

9.3 이윤극대화 생산량의 도출
利润最大化的产量得出

이윤(π)은 총수입(TR)에서 총비용(TC)을 뺀 부분이다.

$$\pi = TR - TC$$

이윤극대화란 그림상으로는 총수입곡선과 총비용곡선 사이의 차가 제일 큰 것을 말한다. 모든 기업의 이윤극대화조건은 다음의 두 조건이 동시에 충족되는 생산량이 단기에 있어서 기업의 이윤극대화 생산량이 된다.

① $MR = MC$: 한계수입이 한계비용과 같다

② $MR = MC$이 되는 점 이전에서 MR곡선이 MC곡선의 위에 있어야 한다.

②의 조건은 총수입 > 총비용이라는 조건과 같다. 이 조건을 총수입곡선(TR)과 총비용곡선(TC)을 이용해서 설명하면 <그림 9-1>에서 생산량 Q_1이 위의 조건을 충족하는 생산자균형점이다. 이 생산량에서 ① TR곡선의 기울기(한계수입 : MR)가 TC곡선의 기울기(한계비용 : MC)와 같으며, ② TR곡선이 TC곡선의 위에 있다.

그림 9 1 기업의 이윤극대화조건

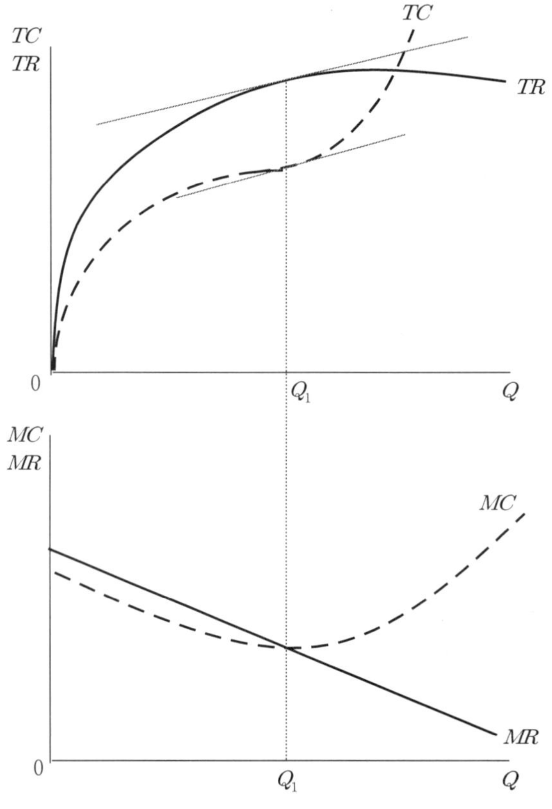

9.4 기업의 다른 목표들
企业的其他目标

오늘날 기업들은 이윤극대화만을 유일한 목표로 삼지 않는다. 현대의 기업들은 소유와 경영이 분리되어 있어 전문경영인은 실제로 주주이익의 극대화를 위해 주식가격의 극대화를 추구하기도 하고, 시장점유율 혹은 매출의 극대화를 추구하기도 한다.

Chapter 09 연습문제(练习问题)

1. 독점기업이든, 완전경쟁기업이든 기업이 이윤을 극대화하기 위해서는?

① 단위당 평균생산비가 가장 적어질 때까지 생산하여야 한다.
② 단위당 평균생산비가 가격과 같아질 때까지 생산하여야 한다.
③ 한계생산비가 가격과 일치할 때까지 생산하여야 한다.
④ 한계생산비가 한계수입과 일치할 때까지 생산하여야 한다.
⑤ 한계생산비가 평균생산비와 일치할 때까지 생산하여야 한다.

기업의 이윤극대화조건은 다음과 같다. ① 일차조건 $MR = MC$, ② 2차조건 MR의 변화율 < MC의 변화율

Chapter 10 완전경쟁시장

完全竞争市场

- 완전경쟁시장
- 완전경쟁기업
- 손익분기점
- 조업중단점
- 단기평균비용과 단기한계비용
- 장기평균비용과 장기한계비용

Summary

① 완전경쟁시장의 성립조건
② 완전경쟁기업의 특징
③ 완전경쟁기업의 단기균형
④ 손익분기점과 조업중단점
⑤ 완전경쟁기업(산업)의 단기공급곡선
⑥ 완전경쟁기업(산업)의 단기균형
⑦ 완전경쟁기업(산업)의 장기균형

10.1 완전경쟁시장
完全竞争市场

(1) 완전경쟁시장의 조건(完全竞争市场条件)

다음 조건들이 충족되는 시장을 완전경쟁시장이라 한다.

① 무수히 많은 공급자(판매자)와 수요자(구매자)

② 완전한 시장정보

③ 가격의 신축성

④ 해당 산업으로의 자유로운 진입

⑤ 상품의 동질성

완전경쟁이 이루어지기 위한 이상의 조건들을 모두 구비하고 있는 시장의 예를 현실에서 찾는다는 것은 거의 불가능하다. 완전경쟁시장은 이상적인 시장형태로서 하나의 기준이 될 수 있다고 보기 때문에 관심을 갖는 것이다.

(2) 완전경쟁시장의 특징(完全竞争市场特征)

완전경쟁시장은 다음과 같은 특징을 갖는다.

① 공급자와 수요자 모두 시장가격을 그대로 받아들이는 가격순응자(price taker, 价格接受者)가 된다.

② 시장가격과 균형가격의 일치 : 균형가격은 공급자와 수요자 모두에게 최선의 선택가능한 가격이므로 항상 균형이 달성된다.

③ 일물일가의 실현 : 한 재화에 하나의 가격 형성된다.

④ 장기적으로 최저생산비에서 가격이 결정된다. 즉 자원배분의 효율성이 달성된다.

읽을거리 : 완전경쟁시장 흉내내기

현실에서 완전경쟁시장이 성립하기 위한 조건들을 모두 충족시키는 시장의 예를 찾기는 무척 힘들다. 다른 조건은 고사하고, 무엇보다도 우선 한 산업 안에 여러 개의 기업이 경쟁하고 있는 경우를 발견하기 힘든 상황이다. 어느 나라든 대부분의 산업에서 불과 몇 안 되는 기업들이 독과점체제를 구축하고 있는 것이 일반적인 현상이다.

(중략)

어떤 산업 안의 경쟁기업 수가 적더라도 자원이 효율적으로 배분되기만 한다면 별로 문제될 것이 없다. 따라서 최근에는 어떤 시장에서의 표면적 경쟁형태가 무엇이든 상관하지 않고, 효율적인 자원배분이 이루어질 수 있는지의 여부에 관심의 초점을 맞추고 있다. 비유적으로 말해, 완전경쟁시장이 되지는 못해도 이를 흉내 낼수 있으면 된다는 식으로 인식이 바뀌어 가고 있는 것이다.

경합시장 이론에 따르면, 기업의 수가 아무리 적어도 진입과 이탈의 장벽만 없다면 효율적인 자원배분이 이루어질 수 있다고 한다. 경합시장이란 진입과 이탈의 장벽이 존재하지 않는 시장을 뜻한다. 따라서 이 시장 안의 기업은 잠재적인 진입의 위협에 노출되어 있고, 이 때문에 가격을 한계비용 이상의 수준으로 올리지 못한다. 경합시장 이론은 이와 같은 근거에서 진입과 이탈의 장벽만 제거하면 완전경쟁시장에서와 같은 효율적 자원배분이 이루어질 수 있다고 말한다. 이렇게 진입과 이탈의 장벽을 제거하는 정책이 '완전경쟁시장 흉내내기'의 좋은 예라고 말할 수 있다.

〈자료: 이준구 외, '경제학 들어가기'〉

(3) 완전경쟁기업의 특성(完全竞争企业特性)

완전경쟁시장에서 생산하는 기업을 완전경쟁기업 혹은 경쟁적 기업이라 한다.

1) 완전경쟁기업의 개별수요곡선은 수평선이다.

완전경쟁기업은 가격순응자로서 시장에서 주어진 가격에서 얼마든지 팔 수 있으므로, 개별기업의 수요곡선은 시장가격을 나타내는 수평선이다. <그림 10-1>에서와 같이 이 시장에서 수요곡선과 공급곡선이 주어지면, 이 시장의 균형가격은 P^*가 되고, 그림(b)에서와 같이 이 가격을 나타내는 수평선이 개별기업의 수요곡선이 된다.

이는 개별기업의 수요의 가격탄력성이 무한대임을 의미한다.

2) 가격(P) = 평균수입(AR) = 한계수입(MR)

수요곡선이 수평이기 때문에 가격과 평균수입, 한계수입은 일치한다.

그림 10-1 완전경쟁시장에서의 수요곡선

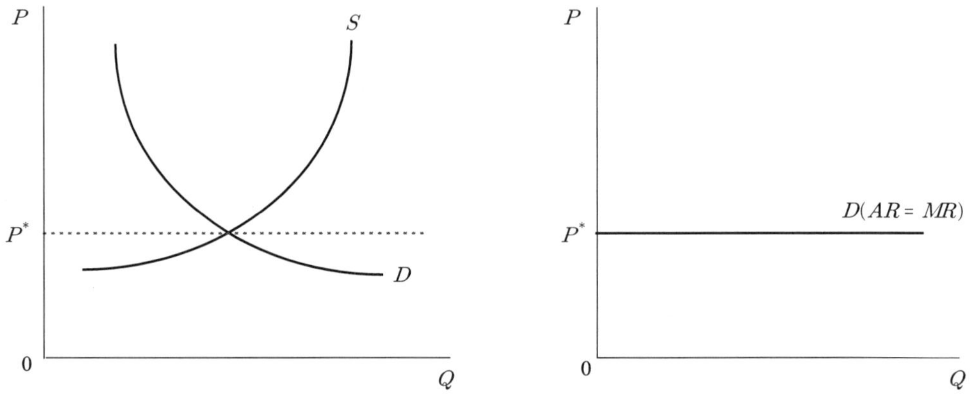

(a) 산업(시장)의 균형 (b) 완전경쟁기업의 수요곡선

10.2 완전경쟁기업의 단기균형
完全竞争企业的短期均衡

(1) 완전경쟁기업의 단기비용곡선(完全竞争企业的短期费用曲线)

고정비용이 존재하는 단기에서, 한계비용(MC)곡선과 평균비용(AC)곡선과 평균가변비용(AVC)곡선은 <그림 10-2>에서와 같이 처음에는 하락하다가 상승한다. 그리고 한계비용(MC)곡선은 AC곡선과 AVC곡선의 최저점을 밑에서 위로 통과한다.

(2) 완전경쟁기업의 단기균형(完全竞争企业的短期均衡)

완전경쟁시장에서 가격이 어떤 수준에 결정되면 개별적인 기업은 이것을 주어진 것으로 받아들일 수밖에 없다. 이에 기업들이 직면하는 수요곡선은 그 가격의 수준에서 그은 水平線이 된다. 이 수평선은 그 높이가 가격을 뜻하는 동시에 한계수입(MR)을 의미한다.

이윤극대화를 위해서는 한계수입과 한계비용이 서로 같아야 한다는 조건, 즉 $MR = MC$의 조건이 충족되어야 한다. <그림 10-2>에서 보는 것처럼 기업은 한계수입곡선과 한계비용곡선이 교차하는 Q^*의 생산수준을 선택할 때 이윤이 극대화된다. 이때 기업이 얻는 이윤은 사각형 ▨P^*ABE의 면적이 된다.

그림 10-2 단기에서의 완전경쟁기업의 균형

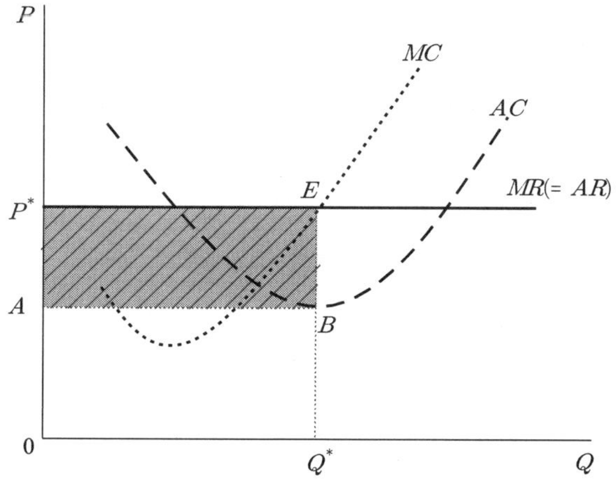

평균비용(AC) = A

총수입(TR) = 가격(P^*) × 생산량(Q^*) = □$0P^*EQ^*$

총비용(TC) = 평균비용(A) × 생산량(Q^*) = □$0ABQ^*$

총이윤(π) = 총수입(TR) − 총비용(TC) = ▨P^*ABE

평균이윤 = 평균수입 − 평균비용 = $P^* - A$

(3) 손익분기점과 조업중단점(损益分岐点与歇业点)

시장에서 형성된 가격이 너무나도 낮은 경우에는 지금 보는 것과 약간 다른 결과가 나타날 수 있다. 가격이 평균비용곡선의 최저점보다도 낮으면 개별 기업은 손실을 본다. 이 경우 MR

$= MC$의 조건을 충족시킨다는 것은 단지 손실이 극소화된다는 것을 의미하게 된다.

만약 손실이 너무 커서 생산수준이 0일 때의 손실보다도 더 크다면 기업은 아예 생산활동을 중단하게 된다. 반면에 손실의 크기가 비교적 작아 생산을 중단하는 것보다는 낫다고 판단할 경우에는 $MR = MC$가 성립하는 생산수준을 선택한다.

1) 손익분기점(break-even point, 損益分岐点)

손익분기점은 평균비용곡선의 최하점 F가 된다. 이 점 이하로 가격이 하락하면 가격(= 평균수입)이 평균비용보다 작게 되어 손해가 발생하게 된다.

그림 10-3 손익분기점과 조업중단점

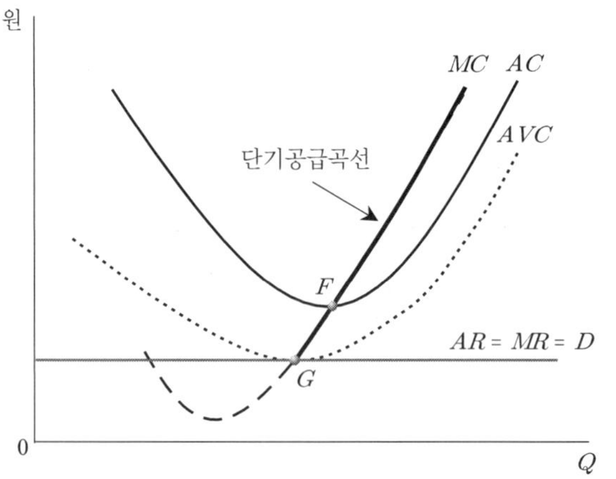

2) 조업중단점(shut-down point, 歇业点)

평균가변비용곡선의 최하점인 <그림 10-3>의 G점이 조업중단점이다. 이 점 이하로 가격이 하락하게 되면 생산량에 따라 들어가는 원자재나 인건비와 같은 가변비용도 건지지 못하게 되므로 기업은 생산을 중단하는 것이 손실을 줄일 수 있기 때문에 조업을 중단하게 된다.

단기에서는 고정비용이 회수될 수 없는 매몰비용이기 때문에, 고정비용은 건지지 못하더라도 가변비용만 건지면 생산한다. 즉 <그림 10-3>의 F점과 G점 사이에서도 생산이 이루어진다.

(4) 완전경쟁기업의 단기공급곡선(完全竞争企业的短期供给曲线)

조업중단점으로부터 시작하여 그 오른쪽에 있는 우상향하는 한계비용곡선이 완전경쟁기업의 단기공급곡선이 된다. 가격이 점차 상승함에 따라 완전경쟁기업의 한계수입곡선(평균수입곡선 = 가격을 표시하는 수평선)이 점차 상승하게 되면, 균형점이 한계비용곡선을 따라 이동하기 때문이다. 한계비용곡선이 우상향하므로 이 공급곡선은 우상향하게 된다.

(5) 완전경쟁산업(시장)의 단기공급곡선(完全竞争产业(市场)的短期供给曲线)

우상향하는 완전경쟁기업의 단기공급곡선을 각 가격수준에서 수평으로 합하면, 우상향하는 완전경쟁산업의 단기공급곡선을 얻는다.

10.3 장기에서의 완전경쟁기업과 산업의 균형 및 공급곡선
长期完全竞争企业和产业的均衡及供给曲线

(1) 완전경쟁기업의 장기균형(完全竞争企业的长期均衡)

고정생산요소가 없고 생산시설까지 조절할 수 있는 장기의 완전경쟁시장에서, 개별 기업들은 서로 가격경쟁력을 얻기 위하여 평균비용을 최저로 하는 생산시설을 채택하게 되므로 가격은 장기평균비용곡선의 최하점까지 하락하게 된다.

즉, 장기평균비용이 최소인 생산점 즉 장기평균비용곡선의 최저점인 E_L점이 완전경쟁기업의 장기균형점이다.

단기에서 완전경쟁시장 안의 기업들이 양(+)의 이윤을 얻는 경우 시장 밖에서 활동하고 있는 기업은 이 이윤에 끌려 그 시장 안으로 진입하며 새로운 기업들이 진입하게 되면 이 산업 전체의 공급이 증가해 가격이 내려가기 시작한다. 이러한 과정을 장기조정(long-run adjustment, 长期调整) 과정이라 한다.

반면에 단기균형상태에서 그 시장 안의 기업들이 이윤을 얻지 못하고 있다면 시간이 흐름에 따라 문을 닫고 이탈해 나가기 시작한다. 한계기업(marginal firm, 边际企业)들이 우선적으로 이탈해 나갈 것으로 예상할 수 있다. 기업들의 이탈이 일어나면 산업 전체의 공급이 줄어 가격은 올라가기 시작한다.

장기균형(long-run equilibrium, 长期均衡)은 시장 안의 모든 기업들이 0의 이윤만을 얻고 있어 더 이상 진입이나 탈퇴가 일어나지 않는 상태를 말한다. 이같은 장기균형이 성립되기 위해서는 다음과 같은 조건이 성립해야 한다. 첫째, 이윤이 극대화되고, 둘째는 이때 그 이윤은 0이 되며, 셋째로 수요량과 공급량이 같아야 한다.

따라서 이상의 조건을 충족하는 장기균형점은 다음과 같다.

① 이윤극대화 ⇒ $P = LMC$

② 극대화된 이윤 = 0 ⇒ $P = LAC$

③ 시장에서 형성된 가격 P^* = 장기평균비용곡선의 최저점

그림 10-4 완전경쟁기업의 장기균형

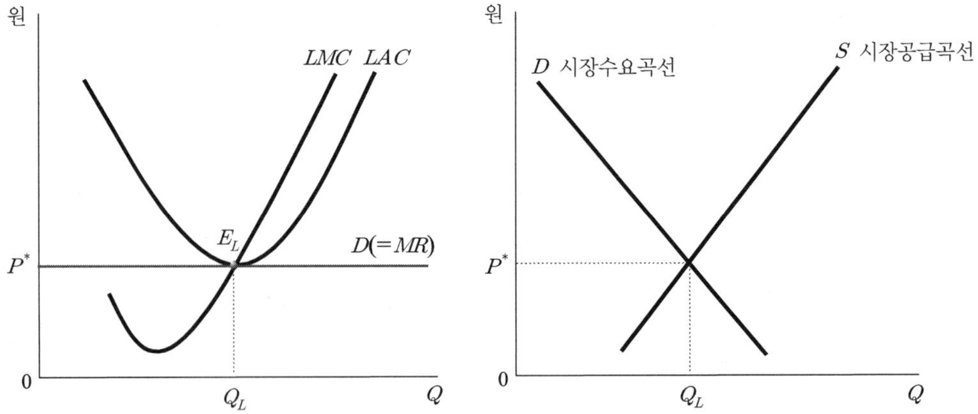

시장에서 P^*로 가격이 결정되면 개별기업은 이 높이에서 그은 수평선을 수요곡선으로 보고 장기한계비용곡선과 교차하는 곳인 Q_L의 생산수준을 선택한다. 이 생산수준에서 기업의 극대화된 이윤은 0이다.

완전경쟁시장의 장기균형상태에서 기업들이 0의 이윤을 얻고 있다는 것의 의미한다. 여기서 말하고 있는 이윤은 수입에서 기회비용을 뺀 경제적 이윤(economic profit, 利润)이다. 따라서

이윤이 0이라는 말은 투하된 자본에 대한 정상적인 수익, 즉 정상이윤(normal profit, 正常利润)만을 얻고 그 이상의 추가적인 이윤은 얻지 못한다는 것을 의미한다.

따라서 장기균형점에서는 다음의 관계가 성립한다.

① 최저의 가격이 실현된다. 이는 장기의 완전경쟁시장에서 자원배분의 효율성이 달성됨을 의미한다.

② 가격 = 장기평균비용 = 장기한계비용 = 단기평균비용 = 단기한계비용 성립

③ 정상이윤만 발생할 뿐 초과이윤도 손실도 발생하지 않는다. 즉 사회적 평균이윤인 정상이윤(귀속이윤)만 얻는다. 장기균형점 E_L에서 장기평균비용과 가격이 일치하여 이윤이 발생하지 않는 것처럼 보이지만 비용에 이미 정상이윤이 포함되어 있기 때문에 정상이윤은 발생한다.

10.4 완전경쟁시장의 의미
完全竞争市场的含义

여러 가지 시장형태 중에서 완전경쟁시장이 가장 바람직한 것이라는 생각은 자원을 효율적으로 배분해 준다는 측면에서 이 시장을 따를 만한 것이 없다는 믿음에 주로 근거한다.

경쟁의 압력 때문에 이 시장 안의 모든 기업들이 최대한의 효율성을 추구하지 않으면 안 되는 분위기가 형성된다.

또한 $P = MC$의 관계가 성립하는 것에서 자원이 효율적으로 배분되는 이유를 찾을 수 있다. 수요자는 상품의 소비에서 나오는 한계편익(MB: marginal benefit, 边际收益)이 그것의 가격과 일치하는 수준에서 그 상품의 수요량을 결정한다. 따라서 $MB = D$가 성립하는데, 완전경쟁시장에서는 $P = MC$의 관계가 성립하므로 결국 $MB = MC$가 성립한다. 이렇게 상품의 한계편익과 한계비용이 서로 같을 때 효율적 자원배분이 이루어진다.

완전경쟁시장의 장기균형상태에서 각 기업은 장기비용곡선의 최저점에서 생산하게 된다는

점도 효율성의 한 증거로 들 수 있다.

그러나 완전경쟁시장이라 해서 모든 측면에서 이상적이라고는 말할 수 없고, 나름대로 한계를 갖고 있는 것이 사실이다. 일련의 전제조건이 충족된 다음에야 완전경쟁시장에서의 자원배분이 효율적이 될 수 있다. 현실에서 이 조건들 중 어떤 것이 충족되지 못하면 완전경쟁시장에서의 자원배분은 비효율적이다.

공평한 분배라는 측면에서도 완전경쟁시장은 명백한 한계이다. 완전경쟁시장이 모든 측면에서 이상적인 시장형태라는 것은 근거 없는 믿음이다.

Chapter 10 연습문제(练习问题)

1. 완전경쟁시장의 조건이 아닌 것은?

① 공급자와 수요자의 수가 많다.
② 공급자들이 격렬한 광고전을 벌인다.
③ 제품이 동질적이다.
④ 진입이 자유롭다.
⑤ 완전한 지식과 정보를 가진다.

완전경쟁시장의 성립조건은 ① 다수의 수요자 및 공급자가 존재하고(가격순응자), ② 제품의 동질성, ③ 기업의 진입 및 탈퇴의 자유, ④ 정보의 이동이 자유로움 등이다.

2. 우리나라에서 완전경쟁시장조직에 가장 가까운 산업은?

① 전매산업
② 방위산업
③ 철도산업
④ 농부들이 생산하는 쌀
⑤ 치열한 경쟁을 벌이고 있는 소수 대기업의 반도체 산업

완전경쟁시장에 근접한 시장의 예는 농산물시장, 증권시장, 외환시장 등이다.

3. 완전경쟁기업이 직면하는 수요곡선은 무한탄력적이다. 이것이 의미하는 내용이 아닌 것은?

① 완전경쟁기업은 가격결정자이다.
② 완전경쟁기업의 평균수입은 가격과 같다.
③ 완전경쟁기업은 정상이윤을 획득한다.
④ 완전경쟁기업은 일정가격에서 얼마든지 공급이 가능하다.
⑤ 이상에 정답이 없다.

완전경쟁시장에서 생산자는 가격순응자(price-taker)이다.

4. 완전경쟁기업의 평균수입(AR)과 한계수입(MR)과의 관계는?

① AR은 MR보다 항상 크다.
② AR은 MR은 항상 같다.
③ AR은 MR보다 항상 작다.
④ AR은 MR보다 항상 무한대이다.
⑤ AR과 MR은 항상 0이다.

완전경쟁기업의 특징은 P(가격) = D(수요) = AR(평균수입) = MR(한계수입)이 성립한다. 평균수입선과 한계수입선은 모두 수평(완전탄력적)이다.

5. 완전경쟁시장에서 단기균형조건은?

① $P < MR = MC = AR$
② $P < AR < MR = MC$
③ $P > AR = MR$
④ $P = AR = MR = MC$
⑤ $P = AR = MR < MC$

완전경쟁시장의 단기균형조건은 P(가격) = D(수요) = AR(평균수입) = MR(한계수입) = MC(한계비용)

6. 다음 중 생산중단점을 가리키는 것은?

① 평균수입 = 평균가변비용
② 평균가변비용 = 한계가변비용
③ 평균수입 = 한계수입
④ 평균수입 = 평균비용
⑤ 평균수입 = 평균고정비용

생산중단점(폐쇄점, 조업중단점, 단기공급곡선의 시작점)에서의 조건 ⇒ P(가격) = AR(평균수입) = MR(한계수입) = MC(한계비용) = AVC(평균가변비용)

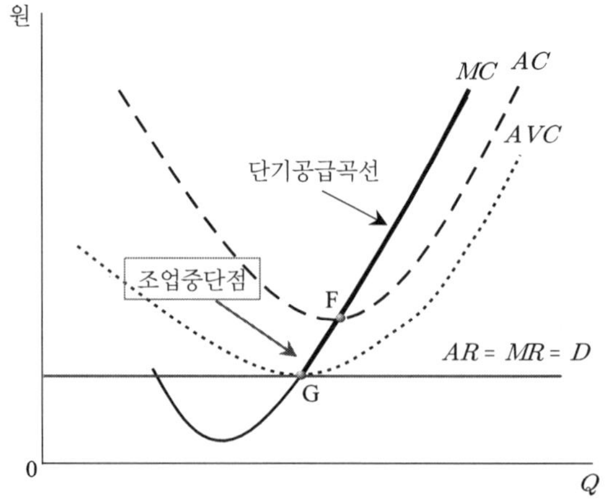

7. 기업의 단기공급곡선은?

① 평균비용곡선의 극소점에서 우상향하는 부분
② 평균고정비용과 한계비용의 교점으로부터 우상향하는 한계비용곡선
③ 평균비용곡선의 극소점으로부터 우상향하는 평균비용곡선
④ 평균가변비용곡선의 극소점으로부터 우상향하는 한계비용곡선
⑤ 평균비용곡선의 극소점으로부터 우상향하는 한계비용곡선

개별기업의 단기공급곡선은 평균가변비용곡선(AVC)의 극소점으로부터 우상향하는 한계비용(MC)곡선이다.

8. 완전경쟁하의 장기균형점을 가장 잘 설명한 것은?

① 평균수익과 한계수익이 서로 일치
② 단기한계비용과 장기한계비용이 서로 일치
③ 단기평균비용곡선과 장기평균비용곡선이 각각의 최저점에서 서로 일치
④ 장기한계비용곡선이 장기평균비용곡선의 최저점을 통과
⑤ ①,②,③,④ 모두 성립

완전경쟁하의 장기균형조건은 $P = D = AR = MR = SAC = SMC = LAC = LMC$가 성립한다.

Chapter 11 독점시장

垄断市场

- 불완전경쟁
- 독점, 독점기업, 독점시장
- 독점기업의 단기공급곡선
- 최고가격제 : 한계비용가격제도
- 정액세와 이윤세
- 물품세

Summary

① 불완전경쟁의 발생 원인
② 독점의 특징
③ 독점기업의 단기균형
④ 독점기업의 장기균형
⑤ 독점의 효과 : 부정적 효과와 긍정적 효과
⑥ 독점의 규제 : 최고가격제, 세금부과

11.1 불완전경쟁의 발생 원인
不完全竞争产生的原因

시장에서 경쟁이 불완전한 것은 결국 진입장벽(entry barrier, 进入障碍)이 존재하기 때문이다. 이러한 진입장벽이 생겨나게 되는 원인들은 다음과 같다.

(1) 규모의 경제(规模经济)

규모의 경제가 존재하는 산업에서는 제도적 인위적 조작이 없더라도 시장가격기구에 의하여 중소기업이 대기업에 대항하지 못하므로, 독점이 자연적으로 형성된다. 전력, 전신, 우편, 수도와 같은 대규모의 설비와 투자가 요구되는 경우가 여기에 해당된다. 이러한 경우 자연스럽게 규모에 의해 독점체제가 생성되는 것을 자연독점(natural monopoly, 自然垄断)이라 한다.

(2) 정부의 정책(政府政策)

정부는 발명을 촉진하기 위해 특허권(patent, 专利)을 부여해 발명자로 하여금 일정한 기간 동안 독점적인 지위를 부여한다. 어떤 기업에 독점적 판매권, 즉 전매권을 주어 경쟁자의 진입을 막을 수도 있다.

(3) 기업의 경쟁전략(企业竞争战略)

기업의 경쟁전략 때문에 진입장벽이 만들어지는 경우도 있다. 기존의 기업들이 많은 비용을 지불해 공격적인 광고를 하면 진입하려는 기업은 이에서 큰 부담을 느끼게 된다. 차별화된 상품을 만들어 파는 상황도 잠재적 진입자에게 경쟁하기 힘든 분위기를 조성해 진입을 어렵게 한다. 부당염매행위(predatory pricing, 掠夺性定价)는 일시적인 출혈을 감수하면서까지 가격을 낮춤으로써 경쟁기업을 몰아내는 전략을 의미한다. 현재 상황으로는 전혀 불필요한데도 고의로 생산시설을 늘려 놓아 진입을 시도하는 기업으로 하여금 위협을 느끼게 하는 방법도 있다.

(4) 정보의 부족(情报不足)

기존 기업이 새로운 기술을 독점적으로 보유하는 경우 자연적으로 진입장벽이 구축되는 결과 발생한다.

(5) 시장의 협소(市场狭小)

11.2 독점기업의 특징
垄断企业的特征

한 산업에 하나의 기업 밖에 없는 상태를 독점(monopoly, 垄断)이라 하고, 이 때의 시장을 독점시장(monopolistic market, 垄断市场), 이 때의 기업을 독점기업(monopolistic firm, 垄断企业)이라고 한다. 독점기업의 주요한 특징은 다음과 같다.

① 단 하나의 공급자만이 존재 : 무엇보다 중요한 특징은 상품의 공급자가 하나밖에 없다는 사실이다. 독점시장에서는 기업(firm, 企业)이 바로 산업(industr,y 产业)을 구성한다.

② 대체재가 존재하지 않음 : 독점자의 상품에 좋은 대체재가 될 수 있는 상품이 존재하지 않는다.

③ 완전한 진입장벽 : 완벽한 진입장벽이 존재한다.

④ 독점기업은 생산량을 조절함으로써 가격을 조절할 수 있다. 즉 가격순응자가 아니라 가격설정자(price setter, 价格制定者)이다. 기업의 가격설정력을 기업의 시장지배력(market power, 市场支配力)이라고 한다.

⑤ 시장수요곡선이 우하향하므로 독점기업의 수요곡선(평균수입곡선)은 우하향한다. 이 점이 단기균형에서 독점기업이 완전경쟁기업과 다른 가장 중요한 차이점이다. 완전경쟁기업의 수요곡선(평균수입곡선)은 수평선이었다.

11.3 독점시장의 단기균형

垄断企业的短期均衡

(1) 특징(特征)

단기에서 독점기업의 평균수입곡선(수요곡선)과 한계수입곡선은 우하향한다.

(2) 독점기업의 단기균형조건(垄断企业的短期均衡条件)

1) 균형조건(均衡条件)

기업의 일반적인 단기균형조건은 다음의 두가지이다.

① $MR = MC$

② MC곡선이 MR곡선을 아래에서 위로 통과한다.

이상의 두 조건은 <그림 11-1>의 E점에서 단기균형점이 된다. E점에서의 생산량 Q_0와 P_0가 단기균형 생산량과 균형가격이다. 공급량 Q_0이면 수요자는 P_0의 가격을 지불하려 한다.

그림 11-1 독점기업의 단기균형

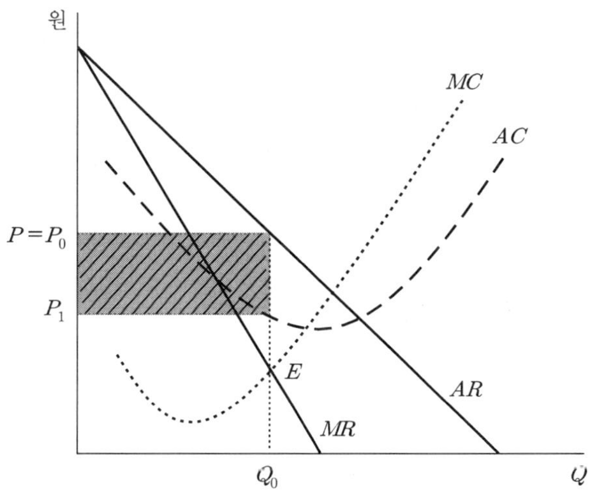

2) 특징(特征)

독점기업의 단기균형은 완전경쟁기업의 단기균형과 다른 다음의 특징을 갖고 있다. (완전경쟁기업의 경우에는 단기균형에서 $P = MC = MR = AR$이었다.

① $P > MC$

② $P > AC$: 대부분의 경우 이 관계가 성립한다. <그림 11-1>에서 AC는 P_1이며 가격은 P_0이다.

위의 결과로 독점기업은 정상이윤보다 높은 초과이윤인 독점이윤을 얻는다. 그림에서 빗금친 사각형부분이 독점이윤이다.

11.4 독점기업의 단기공급곡선

垄断企业的短期供给曲线

독점기업의 단기공급곡선은 균형생산량을 나타내는 수직선이다. <그림 11-1>에서 독점기업은 Q_0만큼 생산하면 이윤이 극대화되므로 독점기업은 Q_0만큼 생산하여 판매한다. 따라서 독점기업의 공급곡선은 균형생산량 Q_0를 나타내는 수직선이다. 우상향하는 한계비용곡선으로 표시하는 경쟁적 기업의 단기공급곡선과 같은 단기공급곡선은 독점기업의 경우에는 존재하지 않는다.

11.5 독점기업의 장기균형

垄断企业的长期均衡

(1) 장기에서의 독점기업의 비용 및 수입곡선(长期垄断企业的费用及收入曲线)

① 장기평균비용곡선(LAC): 단기평균비용곡선(SAC)의 포락선

② 장기한계비용곡선(LMC) : 각 생산점에서 LAC에 접하는 단기한계비용곡선(SMC)의 한계비용을 연결한 궤적

(2) 장기균형(長期均衡)

장기수요곡선 = 장기평균비용곡선($D = LAC$)과 장기한계수입곡선(LMR)이 단기와 같다고 가정하면 단기와 동일하게 균형조건은 다음과 같다.

① $LMR = LMC$

② 이 생산점 이전에 MR곡선이 MC곡선의 위에 있다.

<그림 11-2>에서 생산량 Q_0이 위의 두 조건을 충족시킨다. 이 Q_0은 장기평균비용이 최저가 되는 생산량 Q_2보다 적으므로 장기에서 독점기업은 과잉생산시설을 갖고 있다. 또한 $P > MC$와 $P > AC$의 관계가 성립하므로 독점이윤이 존재하며 자원배분의 비효율성이 발생하고 있다.

또한 균형생산량 Q_1에서는 $LMC = LMR$일 뿐만 아니라, $SMC_1 = SMR$의 관계도 성립하여 단기균형도 성립한다.

그림 11-2 독점기업의 장기균형

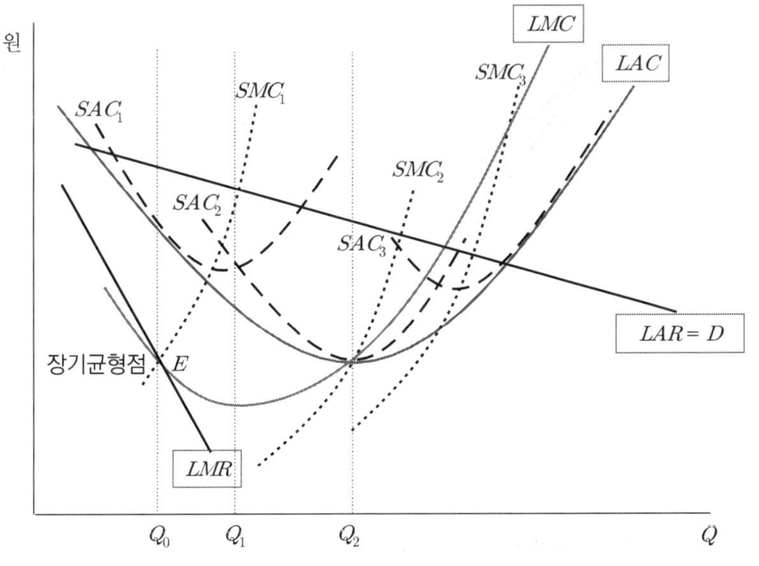

11.6 독점의 효과

垄断效果

(1) 부정적 효과(负面影响)

1) 자원의 비효율적 배분(생산량과 가격의 왜곡)(资源的非效率配分)

① 단기 : 독점시장의 가격은 경쟁시장의 가격보다 높고, 독점시장의 생산량은 경쟁시장의 생산량보다 적다. 어떤 시장의 수요곡선이 <그림 11-3>과 같이 주어졌을 때, 만일 이 시장이 경쟁시장이라면, 가격과 생산은 수요곡선과 공급곡선이 만나는 E점에서 결정되므로 가격은 P_0, 생산량 곧 판매량은 Q_0가 된다.

그러나 이 시장의 공급이 한 독점기업에 의하여 공급된다면, 시장수요곡선은 독점기업의 평균수입곡선이 되고 시장공급곡선은 독점기업의 한계비용곡선과 일치하게 되어, 독점기업은 한계비용과 한계수입이 만나는 G점에서 생산하게 되므로 생산량은 Q_1, 가격은 P_1이 될 것이다. 이는 경쟁시장에서보다 생산량은 감소하고 가격은 상승한 것이다. 이러한 결과는 독점기업의 수요곡선이 시장수요곡선과 일치하기 때문에 발생한다.

그림 11-3 단기에서의 독점의 효과

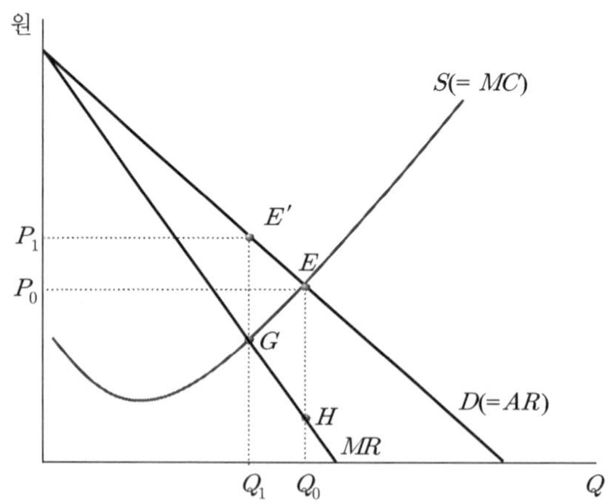

② 장기 : 과잉생산시설이 존재하여 자연가격보다 높은 가격에서 생산된다.

2) 소득분배의 왜곡(收入配分歪曲)

독점기업에서는 평균비용보다 가격이 비싸므로 독점이윤이 존재하고, 따라서 전체 국민소득 중에서 이윤의 몫이 커질 수 있다.

(2) 긍정적 효과(正面影响)

① 규모의 경제가 존재하면 독점화가 평균생산비를 하락시킨다. 이에 따라서, 다수의 소기업에 의하여 생산할 때보다 평균비용과 한계비용이 모두 하락하고, 가격이 하락할 수도 있다. 그러나 일반적으로 규모의 경제가 있는 경우에도, 경쟁이 전혀 없는 독점보다는 기업간에 경쟁이 있는 과점이 자원배분의 효율성의 측면에서 더 우월하다.

② 대규모 연구개발의 가능 : 거액이 필요한 대규모의 연구개발은 중소기업으로서는 어렵다.

11.7 독점의 규제

垄断管制

독점은 적절한 최고가격제나 세금부과를 이용하여 독점의 폐해를 줄이거나 없앨 수 있다.

(1) 최고가격제(上限价格制)

독점에 대한 최고가격제에는 한계비용가격제도와 평균비용가격제도의 두 가지가 있다.

1) 한계비용가격제도(marginal cost pricing, 边际成本价格制度)

이는 한계비용과 가격의 일치라는 효율적인 자원배분의 조건을 실현시키기 위하여, 한계비용곡선이 수요곡선과 만날 때의 가격을 최고가격으로 지정하는 방법이다. <그림 11-4>에서 최고가격제도가 없다면, 독점기업의 균형점은 MR곡선과 MC곡선이 교차하는 점 E가 되어, Q_E만큼 생산하여 P_1의 가격으로 판매되게 된다. 그러나 MC곡선과 수요곡선이 만날 때의 가격인 P^*를 최고가격으로 지정하면, 이 가격 이상으로는 팔 수 없으므로 독점기업의 평균수입곡선(수요곡선)은 P^*FD가 될 것이다. 따라서 한계수입곡선은 생산량 Q^* 이하에서는 직선 P^*F, 생산량 Q^*부터는 원래의 MR곡선인 직선 GH가 될 것이다. 따라서 최고가격제하에서 MC곡선과 MR곡선이 만나는 생산균형점은 점 F가 되므로 생산량은 Q^*가 된다. 즉 최고가격제를 통하여 가격은 P_1에서 P^*로 하락하였고 생산량은 Q_E에서 Q^*로 증가하였으며, 가격 $= MC$라는 효율적 자원배분의 조건도 회복되어, 자원배분의 효율성이 회복된다.

그림 11-4 독점의 규제 : 한계비용가격제의 효과

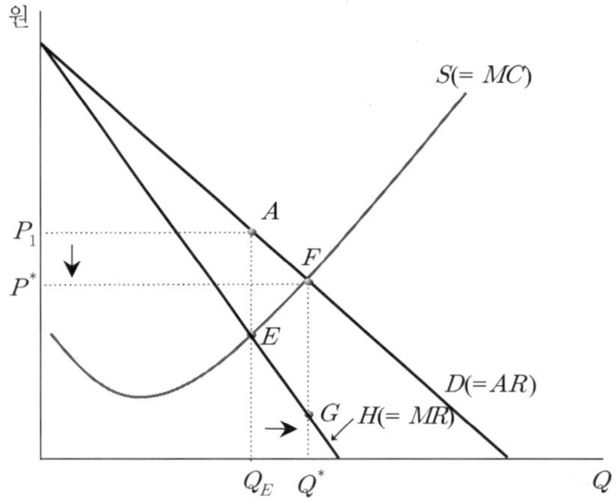

(2) 세금의 부과(税收)

독점기업에 세금을 부과하면, 독점기업의 독점이윤을 축소시킬 수 있다. 그러나 세금의 부과는 비용곡선에만 영향을 주고 수입곡선에는 영향을 주지 못하기 때문에 자원배분의 왜곡을 개선하지는 못한다.

1) 정액세와 이윤세(定额税与利润税)

정액세(총괄세 : lump-sum tax, 定额税)는 판매량과 관계없이 일정금액의 세금을 부과하는 것을 말하고 이윤세는 영업이윤에 부과하는 세금으로서 법인소득세가 이에 해당된다.

이 두 세금은 모두 총비용과 평균비용만 증가시킬 뿐, 한계비용이나 한계수입에는 영향을 주지 못하므로 독점이윤만 감소시키고, 생산량과 가격에는 아무 영향을 주지 않으며 자원배분의 효율성의 회복에도 기여하지 않는다.

2) 물품세(产品税)

판매상품 한 단위마다 부과되는 물품세(종량세와 종가세 모두 포함)는 생산물 한 단위당 부과되는 세금인 만큼 독점기업의 한계비용을 증가시킨다. <그림 11-5>에서와 같이 MC곡선을 단위당 세금만큼 위로 이동시킨다. 그 결과 생산은 Q_1에서 Q_2로 감소하고 가격은 P_1에서 P_2로 상승한다.

그림 11-5 물품세의 독점기업에 대한 효과

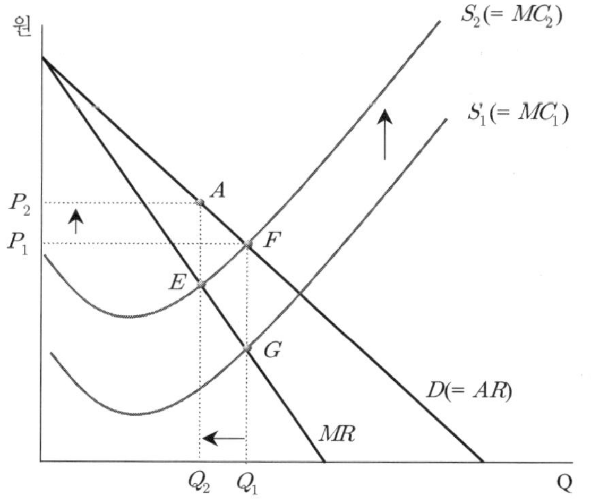

Chapter 11 연습문제(练习问题)

1. 독점발생의 원인이 될 수 없는 것은?

① 특허권의 인정
② 대외개방화 정책
③ 규모의 경제
④ 제품차별화
⑤ 신기업의 진입에 대한 정부의 규제

독점의 발생원인은 규모의 경제, 원자재의 독점, 특허권, 전매권, 정부의 정책과 법령의 보호, 시장의 협소, 유통과정의 독점, 제품제조의 노하우, 자본의 제약, 시장의 협소, 기업의 경제적 능력 등이다.

2. 완전경쟁과 완전독점의 차이는?

① 공급곡선의 형태
② 기업수요곡선의 형태
③ 비용곡선의 형태
④ 이윤곡선의 형태
⑤ 평균비용곡선의 형태

완전경쟁시장은 $P = D = AR = MR$이고 수요곡선은 수평이다. 독점시장은 $P = D = AR \neq MR$이고 수요곡선은 우하향한다.

3. 어느 독점기업의 수요함수가 $Q = 30 - P$(Q는 수요량, P는 가격)이고 생산비용은 0일 때 최대이윤을 구하라. 99 감정평가사

① 25 ② 100 ③ 225
④ 400 ⑤ 625

독점기업의 최대이윤조건은 $MR = MC$ 이다.

4. 어떤 독점상품의 현재가격이 5이고, 독점기업이 직면하고 있는 수요곡선이 $P = -3Q + 8$이라면 총수입을 증대시키기 위한 기업의 행동으로 타당한 것은? 95 CPA

① 가격인상
② 현재가격 유지
③ 가격인하
④ ②, ③
⑤ 위의 어느 것도 아니다.

총수입이 극대화되는 조건은 $MR = 0$, 즉 한계수입이 0이 될 때이다. $TR = P \cdot Q = -3Q^2 + 8Q$, $MR = \frac{dTR}{dQ} = -6Q + 8$이 된다. 이로부터 $MR = 0$이 되는 Q와 P를 구하여 비교해본다.

5. $P = -2Q + 10$, $TC = \frac{1}{2}Q^2 + 2$일 때 균형점은?

① $Q = 2$　② $Q = 5$　③ $Q = 8$
④ $Q = 4$　⑤ $Q = 10$

이윤 $\pi = TR - TC$이므로 $MR = MC$일 때 이윤이 극대화되고 균형이 성립된다.

Chapter 12 독점적 경쟁시장

垄断竞争市场

- 독점적 경쟁
- 제품차별화
- 비가격경쟁

Summary

① 독점적 경쟁의 특징
② 독점적 경쟁기업의 단기균형
③ 독점적 경쟁기업의 장기균형
④ 독점적 경쟁의 효과

12.1 독점적 경쟁시장
垄断竞争市场

(1) 독점적 경쟁시장의 특성(垄断竞争市场的特征)

1930년대 이전까지만 하더라도 경제학자들이 주로 관심을 가진 것은 완전경쟁과 독점 두 가지뿐이었다. 1930년대의 들어오면서 로빈슨(J. Robinson)과 챔벌린(E. Chamberlin)의 '불완전경쟁의 혁명'(revolution of imperfect competition, 不完全竞争的革命)이라 불리는 연구의 시발로 불완전경쟁에 대한 분석이 발전되게 되었다.

로빈슨이 일반적인 불완전경쟁의 문제를 다루었던 데 비해, 챔벌린은 독점적 경쟁(monopolistic competitio, 垄断竞争)이라는 특정 형태의 불완전경쟁시장에 관심을 집중하였다.

독점적 경쟁시장은 여러 측면에서 완전경쟁시장과 비슷한 성격을 가진다. 독점적 경쟁이 완전경쟁과 결정적으로 다른 점은 기업마다 조금씩 다른 상품을 만들어 파는 현상, 즉 상품차별화(product differentiation, 竞争商品差异) 현상이 나타난다는 것이다.

독점경쟁시장에서 기업들이 상품차별화를 하는 구체적인 방식은 여러 가지인데, 물리적 특성상의 차별화뿐 아니라, 품질보증, 사후수리 서비스, 배달 방식 등 여러 가지 측면에서 차별화가 이루어질 수 있다.

차별화된 상품을 생산하는 기업들은 각각 자신의 상품에 대해 어느 정도의 독점력 보유한다.

현실에서는 완전경쟁시장이나 완전한 독점시장이란 존재하기 힘들고, 이 두가지 시장의 성격이 섞여있는 독점적 경쟁시장이 많이 존재한다. 독점적 경쟁(monopolistic competition, 垄断竞争)시장이란 다음의 특징을 갖는다.

① 다수의 기업이 존재하지만,

② 품질이나 디자인 등이 서로 달라 제품차별화가 존재하며,

③ 기업의 진입과 퇴출이 자유롭고,

④ 광고나 서비스 등의 비가격경생이 존재하는 시장을 말한다.

좀더알아보기

독점적 경쟁시장

현실에서는 독점시장의 성격과 경쟁시장의 성격을 아울러 가지고 있는 경우를 흔히 볼 수 있습니다. 옷가게, 극장, 식당, 미용실 등은 똑같은 상품을 파는 것 같지만 품질과 서비스가 동일하지 않다는 점에서 독점의 성격을 갖고 있으며 시장진입이 자유롭다는 점에서 경쟁시장의 성격도 있습니다. 이러한 독점적 경쟁시장은 과점시장처럼 독점과 완전경쟁이라는 두 가지 극단적 시장구조의 중간형태로 볼 수 있습니다.

12.2 독점적 경쟁시장의 단기균형
垄断竞争市场的短期均衡

독점적 경쟁기업의 균형조건도 경쟁적 기업이나 독점기업의 경우와 동일하게, ① 한계비용과 한계수입이 일치하고($MC = MR$), ② 한계비용곡선이 한계수입곡선을 밑에서 위로 통과하는 것이다.

독점적 경쟁기업의 단기에서의 한계비용곡선도 대부분의 경우 다른 기업의 경우와 마찬가지로 <그림 12-1>의 MC곡선처럼 우상향하는 것으로 가정된다. 독점적 경쟁기업도 자기제품의 공급은 독점하므로, 독점적 경쟁기업의 수요곡선(평균수입곡선)과 한계수입곡선은 독점기업의 경우와 마찬가지로 그림의 D곡선과 MR곡선처럼 우하향한다. 따라서 독점적 경쟁기업의 이윤을 극대화시키는 생산량은 MR곡선과 MC곡선이 일치할 때의 생산량, 즉 그림에서 Q_0가 되며 가격은 P_0가 된다.

이처럼 독점적 경쟁기업도 독점기업과 마찬가지로 이윤이 극대화되도록 공급을 조절하여 시장가격을 변화시키므로, 독점적 경쟁기업도 가격설정자이며 독점적 경쟁기업의 단기공급곡선은 최적생산량을 나타내는 수직선이 된다. 가격에 따라 공급이 변하는 공급곡선이 없다는 점에서 독점기업의 경우와 같이 독점적 경쟁기업도 단기공급곡선이 없다고 말하기도 한다.

단기에서는 독점적 경쟁기업은 가격을 평균비용보다 높일 수 있고, 이런 경우에 독점적 경쟁기업은 가격이 평균비용을 초과하는 만큼의 초과이윤을 얻을 수 있다.

그림 12-1 독점적 경쟁기업의 단기균형

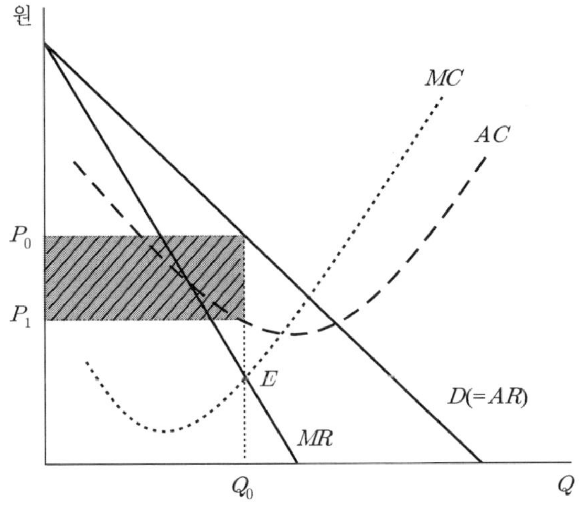

12.3 독점적 경쟁기업의 장기균형
垄断竞争企业的长期均衡

독점적 경쟁시장에서는 독점시장과 달리 기업의 진입과 퇴출이 자유롭기 때문에 장기적으로는 가격이 평균비용과 일치하는 생산량에서 균형이 달성되어 초과이윤도 손실도 없어진다.

만일 초과이윤이 있다면, 다른 기업의 진입이 초래되므로 수요곡선은 점차 왼쪽으로 이동하게 되어 결국은 <그림 12-2>의 A점에서와 같이 평균수입곡선(수요곡선)이 평균비용곡선과 접하게 된다. E점에서 보는 바와 같이 생산량에서 장기와 단기의 한계비용과 한계수입이 서로 일치할 뿐 아니라, A점에서 보는 바와 같이 가격과 장기 및 간기의 평균수입이 서로 일치한다.

즉, 독점적 경쟁기업의 장기균형에서는 다음의 관계가 성립한다.

A점 : 평균수입(AR) = 가격 = 장기평균비용(LAC) = 단기평균비용(SAC)

E점 : 한계수입(MR) = 장기한계비용(LMC) = 단기한계비용(SMC)

그림 12-2 독점적 경쟁기업의 장기균형

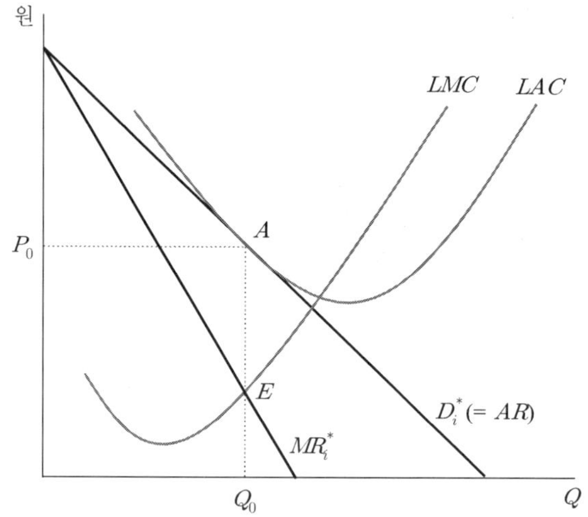

평균수입곡선(AR곡선 = 수요곡선)과 한계수입(MR)곡선은 단기와 장기에서 동일하다고 가정하면 <그림 12-2>에서 장기균형생산량 Q_0는 평균생산비용이 최저인 생산량수준보다 적다. 이는 독점적 경쟁시장에서도 과잉의 생산시설이 존재함을 나타낸다.

12.4 독점적 경쟁의 효과
垄断竞争的效果

① 독점적 경쟁시장에서도 과잉생산시설이 존재하며, 생산량이 장기평균비용이 최저가 되는 최적생산량보다 적다. 즉 장기균형상태에서 기업이 선택하는 생산수준은 장기평균비용곡선의 최저점이 아니라 그보다 왼쪽에 위치한다. 즉 유휴시설(excess capacity, 闲置

设备) 존재한다.

② 가격이 독점시장에서보다는 낮고 완전경쟁시장에서보다는 높다.

③ 자기 제품의 특색을 부각시키기 위해 광고나 상품의 차별화를 통한 비가격경쟁(non-price competition)이 일어날 가능성이 매우 크다. 즉 품질의 개선, 디자인의 개선, 광고 등을 하게 되고, 이 때문에 완전경쟁과는 달리 판매비용의 부담이 상당히 크며, 이는 대부분 소비자에게 전가된다.

④ 독점과는 다르게 독점적 경쟁시장에서는 상품차별화가 존재하여 소비자들의 다양한 기호가 충족된다. 따라서 상품차별화가 소비자의 후생에 어떤 영향을 미치는지는 긍정적인 측면과 부정적인 측면을 모두 갖고 있어 분명치 않다.

Chapter 12 연습문제(练习问题)

1. 다음 중 독점적 경쟁의 특징으로 볼 수 없는 것은? 98 CPA

① 다수의 공급자가 이질적인 제품을 공급한다.
② 장기 균형상태에서는 과잉생산능력이 존재한다.
③ 제품차별화의 정도가 클수록 수요의 가격탄력성은 커진다.
④ 장기균형에서는 초과이윤이 발생하지 않는다.
⑤ 비가격경쟁이 존재한다.

독점적 경쟁시장의 특징은 ① 다수의 수요자와 공급자, ② 제품차별화, ③ 진입과 탈퇴의 자유, ④ 과잉생산설비 존재한다는 것이다. 이윤극대화조건은 다른 시장과 마찬가지로 $MR = MC$이다. 제품차별화가 클수록 수요의 가격탄력성은 낮아진다.

2. 불완전경쟁에서 장기에 이윤이 0이 되는 이유는?

① 진입장벽이 없기 때문
② 비효율성이 나타나므로
③ 요소가격이 상승하므로
④ 정부의 규제 때문
⑤ 과다경쟁으로 인한 광고비 지출

독점적경쟁에서 다수의 공급자가 존재하고 진입과 탈퇴가 자유롭기 때문에 장기적으로 (초과)이윤은 0이 된다.(정상이윤만 획득)

Chapter 13 과점시장

寡头市场

- 과점
- 담합
- 굴절수요
- 꾸르노경쟁
- 카르텔
- 가격선도제
- 관리가격
- 풀 코스트
- 진입저지가격

Summary

① 과점시장의 특징
② 굴절수요곡선이론
③ 꾸르노모형
④ 베르뜨랑모형
⑤ 카르텔모형
⑥ 과점시장에서의 가격이론
⑦ 과점의 장점과 단점

13.1 과점시장의 특징
寡头市场的特征

공급이 소수의 몇몇 기업에 의해 이루어지는 상태를 과점(oligopoly, 寡头)이라고 하며, 특히 공급자 둘인 과점을 복점(duopoly, 双头垄断)이라고 한다.

과점시장의 특징은 다음과 같다.

① 기업간의 상호의존관계가 강하여 한 기업의 가격이나 생산량 변경은 다른 기업에 영향을 미치며,
② 가격이 경직적이며,
③ 비가격경쟁이 심하며,
④ 진입장벽이 높기 때문에 기업의 수를 소수로 유지할 수 있으며,
⑤ 담합(collusion, 暗箱操作)과 같은 기업간의 공동행위의 소지가 많다는 것이다.

13.2 굴절수요곡선이론
实点需求曲线理论

각 기업은 자신이 어떤 행동을 취하면 경쟁기업이 어떻게 반응할지를 추측하고 이에 입각해 그 행동을 취할 것인지의 여부를 결정한다. 상대방의 반응에 대한 추측은 여러 가지 방식으로 이루어질 수 있다.(예 상품 생산량, 가격)

이와 같은 추측의 구체적인 내용에 따라 과점시장에 대한 여러 가지 다른 이론이 존재한다.(꾸르노모형, 베르뜨랑모형, 굴절수요곡선의 모형)

과점시장에서의 가격의 경직성을 설명하는 이론이 굴절수요곡선이론(kinked demand curve theory, 实点需求曲线理论)이다.

<그림 13-1>은 어떤 과점기업의 수요곡선을 나타낸다. 현재 시장가격이 P_0라고 가정하자. 만일 이 과점기업이 가격을 P_0 이상으로 올린다면, 다른 기업들은 대부분 가격을 따라 올리지 않을 것이므로, 가격이 P_0 이상인 경우의 수요곡선은 수요의 가격탄력성이 높은 그림의 d_1곡선이 된다. 그러나 이 과점기업이 P_0 이하로 가격을 인하한다면, 다른 기업도 가격경쟁에 서지지 않으려고 대부분 가격을 따라서 내릴 것이므로, P_0 이하에서의 이 과점기업의 수요곡선은 수요의 가격탄력성이 작은 d_2곡선이 된다. 따라서 과점기업의 수요곡선은 P_0 이상에선 d_1곡선, P_0 이하에선 d_2곡선인 굴절된 곡선이 되고, 한계수입곡선도 이에 따라 그림에서 $ACDMR_2$와 같은 굴절된 선이 된다. 따라서 과점기업의 한계비용곡선이 변동되더라도, MC곡선이 C와 D사이에서 한계수입곡선과 만나는 한, 이 과점기업의 가격은 P_0에서, 생산량은 Q_0에서 경직적으로 고정되게 된다.

그림 13-1 굴절수요곡선

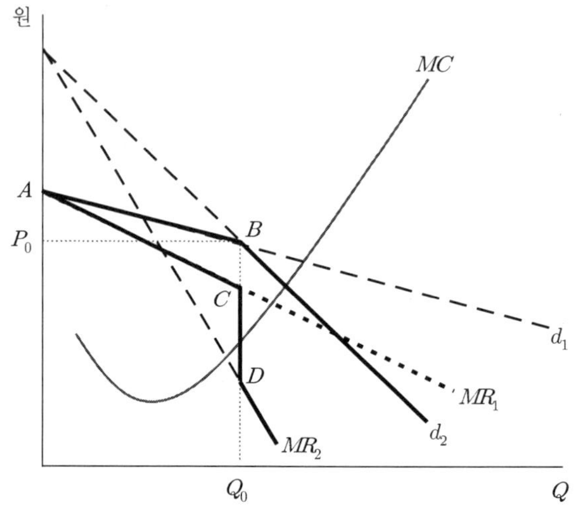

13.3 꾸르노모형

库尔诺模型

과점시장 안의 어떤 기업이 상품 생산량을 늘릴 것인지의 여부에 대해 고려하고 있다고 할 때, 이 기업은 자신이 생산량을 늘릴 때 경쟁기업이 어떤 반응을 보일지 추측하고, 이에 기초해 실행에 옮길지의 여부를 결정하게 된다.

꾸르노모형에서는 경쟁기업이 현재의 생산량을 그대로 유지할 것이라는 추측하에서 자신의 이윤극대화 생산량을 결정한다. 이를 꾸르노경쟁(Cournot competition, 库尔诺竞争)이라 한다.

꾸르노경쟁은 초기에 생산시설을 갖추는 데 많은 시간이 소요될 뿐 아니라 비용도 많이 드는 반면 가변비용은 별로 들지 않는 산업의 경우에는 그 가정이 상당한 현실성을 가진다.(예 철강산업)

복점(duopoly)시장의 경우에는 각 기업은 상대방이 현재의 생산량을 그대로 유지한다는 가정하에서 자신의 이윤극대화 생산량을 선택한다.

각 기업이 더 이상 생산량을 바꾸려 하지 않아 그 상태가 그대로 지속되는 상태가 바로 꾸르노균형(Cournot equilibrium, 库尔诺均衡)이라 한다.

13.4 베르뜨랑모형
伯特兰模型

현실에서 기업들이 생산량을 경쟁의 수단으로 삼는 꾸르노경쟁이 이루어지고 있는 경우를 보기란 그리 쉽지 않다. 특히 비교적 쉽게 시설규모를 변경할 수 있는 경우에는 가격을 경쟁의 수단으로 삼는 베르뜨랑경쟁(Bertrand competition, 伯特兰竞争)이 일어날 가능성이 크다.

베르뜨랑모형에서는 가격을 경쟁의 수단으로 삼는 과점시장 안의 기업들이 분석 대상이다. 각 기업이 경쟁기업은 현재의 가격을 그대로 유지할 것으로 추측한다는 가정하에서 가격을 결정한다.

어떤 과점시장 안에 두 기업이 있는데, 이 둘이 똑같은 상품을 생산하고 있으며 똑같은 수평선 모양의 한계비용곡선을 갖는다고 가정한다.(이 경우 한계비용과 평균비용이 서로 같으며 일정한 수준에서 유지)

한 기업이 상대방보다 조금이라도 더 낮은 가격을 매기면 소비자들을 모두 자기 쪽으로 끌어올 수 있다. 각 기업들은 상대방이 현재의 가격을 그대로 유지한다는 기대하에서 이보다 조금 더 낮은 가격을 매겨 소비자들을 모두 자기 쪽으로 끌어오려고 노력하게 된다.

이와 같이 경쟁적으로 가격을 낮춰 소비자들을 자기 쪽으로 끌어오려는 노력은 가격이 한계비용보다 더 높은 한 계속된다. 결국 가격이 한계비용, 즉 평균비용 수준으로 낮아져 이윤이 0이 되면 더 이상 가격을 내릴 수 없다. 가격이 한계비용과 같아져 완전경쟁시장의 경우와 거의 비슷한 결과가 된다.

13.5 카르텔 모형
卡特尔模型

과점시장 안의 기업들이 담합해 카르텔을 형성하면 실질적으로 독점체제를 구축하는 결과를 초래한다. <그림 13-2>에서 카르텔은 독점기업과 거의 비슷한 방법으로 카르텔 전체의 이윤극대화를 시도한다.

카르텔 전체의 한계비용곡선과 한계수입곡선이 교차하는 생산량과 가격에서(Q_0과 P_0) 이윤 극대화가 달성된다. 이렇게 카르텔 전체의 생산목표량을 결정한 다음에는, 이를 가맹기업들 사이에서 어떻게 배분할 것인지를 결정해야 한다. 이것은 매우 어려운 일이다.

또한 카르텔협정을 무시하고 몰래 가격을 내려 할당량 이상으로 상품을 판매하려는 기업이 생길 소지가 있다. 가맹기업들의 이기적 행위에 의해 와해될 수 있는 원천적 취약성이 존재한다.(예 석유수출국의 OPEC카르텔) 그렇지만 의외로 오랜 기간 동안 결속력을 유지했던 카르텔도 적지 않았다.

그림 13-2 카르텔의 이윤극대화

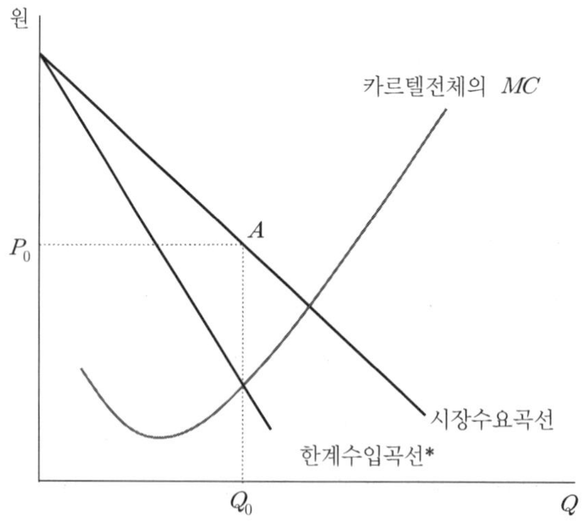

신문기사로 본 생활경제 〈자료: 이투데이, 2021년 8월 23일〉

철근 담합 과징금 정당

철근 가격 담합 혐의로 내려진 수백억 원의 과징금 처분에 불복해 공정거래위원회를 상대로 행정소송을 낸 철강사들이 최종 패소했다.

앞서 공정위는 2018년 동국제강, 현대제철, 한국철강, 대한제강, 환영철강, YK스틸 등 6개 업체의 철근 유통가격 담합 행위를 적발해 시정명령과 함께 총 1194억 원의 과징금을 부과하고 검찰에 고발 조치했다.

공정위는 이들 기업이 2015년부터 2016년까지 27회에 걸쳐 철근 유통가격과 직판가격을 담합했다고 판단했다. 공정위는 해당 기업들이 중국산 수입량 증가, 원재료인 고철의 가격 하락 등으로 철근 시세가 회복되지 않자 담합을 한 것으로 봤다.

서울중앙지법 형사23단독 이광열 판사는 18일 독점규제 및 공정거래에 관한 법률 위반 혐의로 기소된 동국제강, 현대제철, 한국철강, 대한제강, 환영철강에 대한 1차 공판을 진행했다.

검찰은 이들 기업의 영업팀장들이 2015년 5월 서울 모처에서 만나거나 유선 연락 등의 방법으로 철근 유통가격과 직판가격의 할인폭을 축소하기로 합의한 것으로 봤다.

13.6 과점시장에서의 가격이론
寡头市场的价格理论

완전경쟁시장에서와는 달리 과점시장에서는 기업들이 가격순응자(price-taker, 价格接受者)가 아니라 가격설정자(price-setter, 价格制定者)가 될 뿐만 아니라, 각 기업의 의사결정이 서로 큰 영향을 주기 때문에 과점시장에서의 가격이론은 복잡하고 특이하다. 대표적인 이론들로서는 다음과 같은 것들이 있다.

(1) 가격선도제(price leadership, 价格先导制)

명시적인 담합이 법에 의하여 금지되어 있을 때에 가격책정에서 행해지는 대표적인 암묵적 담합이 가격선도(price-leader, 价格先导制) 기업에 의한 가격선도제이다. 이는 과점시장에서 시장점유율이 가장 높은 선도기업의 판매가격에, 다른 과점기업들이 암묵적으로 따르는 것을 말한다. 이를 가격지도제라고도 한다. 이런 시장에선 가격변동은 선도기업의 가격변동에 의하여 시작된다.

(2) 관리가격(administered price, 管理价格)

대기업들이 지배하는 독점시장이나 과점시장에서 대기업들의 공급조절에 의하여 인위적으로 조정되는 가격을 관리가격이라고 한다. 앞의 굴절수요곡선이론에서 본 바와 같이 이 가격은 경직적이며 또한 경쟁시장에서의 가격과는 달리 초과이윤을 포함하고 있으므로 사회적 기회비용보다 높다.

(3) 풀 코스트원리(full-cost principle, 完全成本原理)

현실경제에서는 한계수입곡선과 한계비용곡선을 정확히 계산하기 어려우므로, 기업들은 평균비용에, 적정하다고 생각되는 이윤율의 이윤을 합하여 가격을 책정하는 경우가 많다. 이를 풀 코스트원리라고 영국의 홀(R.L.Hall)과 힛치(C.T.Hitch)가 명명하였다.

즉 평균비용을 AC, 적정이윤율을 r, 책정가격을 P라고 하면 가격은 다음과 같이 책정된다.

$$P = AC(1+r)$$

(4) 진입저지가격(阻止进口价格)

신기업의 진입을 막기 위하여 과점기업들이 담합하여 손해를 무릅쓰고 가격을 인하하는 경우가 있는데, 이때의 가격을 진입저지가격이라고 한다.

13.7 과점의 장점과 단점
寡头的优点与缺点

과점의 폐단은 다음과 같다.

① 가격이 한계비용이나 평균비용보다 높기 때문에 초과이윤이 존재하며,

② 최적생산량보다 적게 생산함으로써 과잉생산시설이 존재하며,

③ 광고 등 과다한 기업간의 경쟁으로 가격이 높아지는 것을 들 수 있다.

위의 폐단 중에서 ①과 ②는 독점의 경우와 같으나, 일반적으로 독점의 경우보다는 그 정도가 작다. ③은 독점적 경쟁의 경우와 같다.

반면에 대기업이 가질 수 있는 긍정적인 측면인 ① 규모의 경제를 활용함에 따른 가격의 인하, ② 연구와 개발의 촉진 등을 그 장점으로 들 수 있다.

Chapter 13 연습문제(练习问题)

1. 과점시장의 가장 중요한 특징이라 할 수 있는 것은?

① 가격의 하방경직성 ② 치열한 가격경쟁
③ 규모의 경제성이 작다 ④ 가격결정의 상호의존성
⑤ 초과이윤이 없다

과점시장이란 소수의 공급자들이 동일 또는 유사한 상품을 생산하여 같은 시장에서 상호 경쟁하는 시장형태를 말한다. 소수의 대기업들이 한 산업을 지배하고 각 기업은 밀접한 대체재를 생산하여 한 기업의 생산량은 그 산업의 총생산량에 상당한 영향을 미치기 때문에 각 경쟁기업들도 한 기업의 생산량의 변화에 많은 영향을 받게 되는 산업형태를 띤다.

2. 과점시장에 대한 특징으로 볼 수 없는 것은?

① 자원배분이 비효율적이지만 기술혁신을 촉진시키는 장점이 있다.
② 비가격경쟁이 치열하며 대체로 가격이 경직적이다.
③ 과점기업들은 담합행위를 통해 항상 독점가격을 설정한다.
④ 과점기업들은 안정적 이윤확보를 위해 담합을 형성하는 경우가 많다.
⑤ 일반적으로 기업들이 최적 조업도 이하에서 조업을 한다.

과점기업들은 신규기업의 진입을 저지하기 위해 카르텔 가격(독점가격)을 설정하기도 하지만 진입저지가격과 같은 경우는 독점가격보다 낮은 가격을 설정하는 경우도 있다.

3. 굴절수요곡선 모델이 시사하는 과점의 가장 핵심적인 특징은? 99 사법고시

① 과점기업은 가격인하는 원하지만 가격인상은 원하지 않는다.
② 과점기업은 가격인상은 원하지만 가격인하는 원하지 않는다.
③ 과점기업은 가격을 인상하거나 인하하고 싶어한다.
④ 과점기업은 생산량과 제품가격이 매우 자주 변한다.
⑤ 과점기업의 생산량과 제품가격이 안정적이다.

굴절수요곡선은 과점가격의 경직성을 설명하는 이론이다. 이 이론에서 한 기업이 가격을 인상하면 다른 기업들은 따르지 않지만, 인하하는 경우에는 고객상실을 우려하기 때문에 같이 인하하게 된다. 과점기업은 상대기업의 반응에 따라서 가격을 인상하거나 인하하게 된다는 것이다.

4. 가격선도이론에서 가격결정의 메커니즘은?

① 시장수요곡선과 시장공급곡선의 교점에서 결정
② 시장수요곡선과 가격선도기업의 공급곡선의 교점에서 결정
③ 가격선도기업의 한계수입(MR)과 한계비용(MC)이 일치되는 점에서 결정
④ 가격추종기업의 한계수입(MR)과 한계비용(MC)이 일치되는 점에서 결정
⑤ 가격추종기업과 가격선도기업의 담합으로 결정된다.

가격선도기업은 $MR = MC$에서 가격을 결정하고 가격추종기업은 이 결정가격을 추종한다.

5. 불완전경쟁시장을 설명한 것 중 틀린 것은?

① 독점기업이 그 시장의 가격을 결정한다.
② 독점기업의 이윤은 한계수입과 한계비용이 같아질 때 극대화된다.
③ 과점이란 소수의 기업에 의한 시장지배를 말한다.
④ 소수의 독점기업들이 동일한 상품을 놓고 서로 경쟁하는 것을 독점적 경쟁이라고 한다.
⑤ 독과점시장은 소비자 후생의 손실을 초래한다.

과점시장은 소수의 기업에 의해 시장이 지배되는 시장이며 상품은 동종이지만 이질적인 특성을 갖는다.

찾아보기

ㄱ

가격 53
가격경쟁 179
가격규제 102
가격기구 23, 54
가격상한제 75
가격선 123
가격선(예산선)의 이동 125
가격선도 224
가격설정자 200, 223
가격소비곡선 130
가격순응자 186, 200, 223
가격의 기능 53
가격최고제 102
가격효과 131
가계소득 84
개별공급 68
개별수요 63
개별수요곡선 187
거시경제학 33
경쟁전략 199
경제개입주의 41
경제문제 16, 36
경제사 33
경제원칙 17
경제유기체설 43
경제이론 33
경제인 18
경제재 15
경제적 비용 163
경제적 유인 36
경제적 이윤 20, 192
경제적 합리주의 17
경제적 효율성 17
경제정책론 33
경제체제 23
경제학 31
경제학적 사고 34
계획경제 37
고전학파 42, 47
공급 64
공급곡선 64
공급량 68
공급량의 변화 65
공급변화의 요인 66
공급의 가격탄력성 91
공급의 법칙 65
공급의 변화 66, 72
공급의 탄력성 90
공급자의 예상 67, 68
공급함수 67
공평성 38
과시적 소비 57
과점 218
과점기업 219
과점시장 179, 218, 222
과점의 폐단 225
관리가격 224
구매력 55
굴절수요 219

굴절수요곡선이론 219
규모에 대한 보수 150, 151
규모에 대한 보수불변 171
규모에 대한 보수체감 171
규모에 따른 보수체증 171
규모의 경제 150, 171, 199, 205
규모의 불경제 171
규모의 비경제 150
규범경제학 33
균형 69
균형가격 69, 186
균형거래량 69
균형경기변동이론 46, 47
균형의 변동 71, 72
근대경제학 47
기간의 장단 84
기수적 효용 118
기술진보 72
기펜재 57, 132
기회비용 18, 20, 35, 163
기회비용체증의 법칙 22
꾸르노경쟁 220
꾸르노균형 221
꾸르노모형 220

ㄷ

단기 85, 145, 163
단기공급곡선 191
단기균형 189
단기비용 163
단기비용곡선 170, 188
단기생산함수 145
단위탄력적 82
담합 218
대체재 59, 84, 85, 89
대체효과 57, 131
독립재 59, 89
독점 200
독점기업 200, 204
독점기업의 단기공급곡선 202
독점기업의 단기균형 202
독점기업의 장기균형 202
독점시장 179, 204
독점의 규제 205
독점의 효과 204
독점적 경쟁 211
독점적 경쟁기업의 균형조건 212
독점적 경쟁기업의 단기균형 213
독점적 경쟁기업의 장기균형 214
독점적 경쟁시장 211
독점적 경쟁의 효과 214
독점적경쟁시장 179
동차생산함수 152
동태경제학 33
등량곡선 148, 149
등비용곡선 154

ㄹ

레온티에프 생산함수 149
로잔느학파 47

ㅁ

매몰비용 20
명시적 비용 163
무차별 119
무차별곡선 119
물품세 207
미시경제학 33

ㅂ

범위의 경제 172

베르뜨랑경쟁 221
베르뜨랑모형 221
보완재 59, 89
보이지 않는 손 38, 54
복점 218
부분균형분석 33
비가격경쟁 179, 180, 215, 218
비교우위론 42, 47
비선형 공급곡선 92
비용-편익분석 34
비탄력적 82, 91

ㅅ

사유재산제도 24
사치재 88
사치품 85
사회주의 23, 24
사회주의 경제학 47
산업혁명 47
상대가격 53, 124
상충관계 40
상품시장 179
상품의 동질성 180
상품차별화 211
새고전학파 45, 47
생산 143
생산가능곡선 21
생산가능조합 21
생산기술 66, 68
생산성 39
생산요소가격 68
생산요소의 가격 66
생산자 143
생산자균형 157
생산자잉여 74
생산함수 144
생필품 85
서비스 15
서수적 효용 118
석유수출국기구(OPEC) 48
세금 68
세이의 법칙 42, 47
소득분배율 153
소득소비곡선 128
소득효과 57, 131
소비자균형 127
소비자선택 113
소비자의 기호 59
소비자의 소득 59
소비자의 예상 60
소비자잉여 73
손익분기점 189, 190
수요 55
수요·공급의 법칙 70
수요곡선 55, 56
수요독점 179
수요량 54, 55
수요량의 변화 58
수요의 가격탄력성 82, 86, 102, 188
수요의 교차탄력성 88
수요의 법칙 57
수요의 변화 58, 71
수요의 소득탄력성 87
수요의 점탄력성 83
수요표 55
수요함수 62
순사회편익 75
스태그플레이션 47, 48
시장가격 53, 186
시장경제 38
시장공급 68
시장균형 69

시장균형가격 69
시장수요 63
시장의 실패 38
시장지배력 38
신고전학파 47
실증경제학 33

ㅇ

아담 스미스 23, 54
암묵적 비용 18
앵겔곡선 130
연관상품 67
연관상품의 변화 59
열등재 59, 88, 129, 132
예산선 123
오스트리아 학파 47
오일러정리 153
완전경쟁기업 189
완전경쟁시장 179, 186
완전대체재 122, 149
완전보완재 122
외부효과 38
용역 15
유량 54, 64
유휴시설 214
이윤 181
이윤극대화 181
이윤극대화조건 182
이윤세 206
이윤효과 65
이자상한제 103
인근궁핍화정책 41
인플레이션 39
임뭄임가 186
일반균형분석 33
일반균형이론 42

ㅈ

자본-노동비율 153
자본의 소득분배 153
자본주의 23, 24
자연독점 199
자원배분 53
자원의 희소성 15
자유방임주의 41, 47
자유시장기구 54
자유재 15
장기 85, 145
장기균형 191, 192, 203
장기균형점 193
장기비용 163
장기비용곡선 170
장기비용함수 169
장기생산함수 147
장기성장촉진정책 46, 47
장기평균비용 191
장기평균비용곡선 202
장기한계비용곡선 203
장기한계수입곡선 203
재산 61
재화 15
재화의 성격 84
저량 55, 64
정부보조금 67
정부의 비개입주의 45, 47
정부의 시장개입 39
정상이윤 193
정상재 88, 129
정액세 206
정책무력성정리 46, 47
정태경제학 33
조세 67

조업중단점 189, 190
준칙주의 45
중금주의 41, 46
중농주의 41, 46
중상주의 40, 46
진입장벽 180, 199, 200, 218
진입저지가격 224
진입효과 65

ㅊ

총가변비용 164
총가변비용곡선 164
총고정비용 164, 165
총비용 163
총비용곡선 164, 165
총비용함수 164
총생산물곡선 146
총수입 181
총이윤 181
총지출액 86
총효용 113
최고가격제 205
최저임금 104
최저임금제 102
최적산출량 169

ㅋ

카르텔 모형 222
캠브리지 학파 47
케인즈 43
케인즈학파 44, 47
케임브리지학파 43
콥-더글라스 생산함수 152

ㅌ

탄력성 82
탄력적 82, 91
통화량 40
통화주의학파 47
통화학파 45
특허권 199

ㅍ

판매능력 64
판매수입 86
평균가변비용 166, 168
평균고정비용 165, 166, 168
평균비용 165, 166, 168
평균생산물 146, 166
평균수입 181, 214
평균수입곡선 201
풀 코스트원리 224
필립스곡선 40
필수재 88

ㅎ

하급재 59
한계기술대체율 148, 157
한계기술대체율체감의 법칙 149
한계기업 192
한계대체율 120
한계대체율 체감의 법칙 121
한계비용 36, 167
한계비용가격제도 205
한계생산물 145, 146, 167
한계수입 181, 214
한계수입곡선 201
한계이득 36
한계편익 56, 193

한계효용 114
한계효용균등의 법칙 116
한계효용체감의 법칙 114
한계효용학파 47
합리적 기대 45
합리적 선택 17, 18
합리적 소비 117
합리적기대학파 47
혼합경제체제 24
회계비용 18
회계상 이윤 20
회계적 비용 163
효용 113
효용함수 113
희소성 16
희소성의 법칙 16

一

一般均衡理论 42

上

上限价格制 205

与

与替代效果 131

专

专利 199

个

个人供给 68
个人需求 63

买

买方垄断 179

互

互补品 59, 89

产

产品税 207

价

价格 53
价格先导制 224
价格制定者 200, 223
价格接受者 186, 223
价格控制 102
价格机制 23, 24
价格机构 54
价格消费曲线 130
价格的机能 53
价格线 123
价格线的移动 125

会

会计成本 18

伯

伯特兰竞争 221

供

供给 67
供给函数 67
供给变化因素 66
供给定理 65
供给曲线 64

储

储量 55, 64

免

免费物品 15

公

公平性 38

凯

凯恩斯 43
凯恩斯学派 44

出

出售能力 64

利

利息上限制 103
利润 192
利润效果 65

剑

剑桥学派 43

劳

劳务 15

单

单位弹性的 82

卡

卡特尔模型 222

双

双头垄断 218

古

古典学派 42
吉芬物品 57, 132

同

同次生产函数 152

商

商品市场 179

嗜

嗜好 59

均

均衡 69
均衡数量 69

垄

垄断 200
垄断企业 200
垄断企业的长期均衡 202
垄断竞争 211
垄断竞争的效果 214
垄断管制 205

外

外部效果 38

夸

夸示的消费 57

完

完全成本原理 224

定

定额税 206

实

实点需求曲线理论 219

家

家庭收入 84

寡

寡头 218

市

市场供给 68
市场均衡价格 69
市场支配力 38
市场的失败 38
市场经济 38
市场需求 63

平

平均产量 146
平均成本 165
平均收入 181

库

库尔诺均衡 221
库尔诺竞争 220

弹

弹性 82
弹性的 82

总

总可变成本 164
总固定成本 164, 165
总成本 163
总成本函数 164
总成本曲线 164
总收益 86
总效用 113

恩

恩格尔曲线 130

成

成本-收益分析 34

抵

抵挡物品 88

損

損益分岐点 190

收

收入 59
收入效应 57
收入效果 131
收入消费曲线 128

效

效用 113
效用函数 113

新

新古典学派 45

无

无差异 119
无差异曲线 119

时

时间长短 84

显

显性成本 163

暗

暗箱操作 218

替

替代品 59, 84, 89
替代效应 57

最

最佳产量 169

机

机会成本 18, 35

权

权衡取舍 40

欧

欧拉方程 153

歇

歇业点 190

正

正常利润 193
正常物品 88

比

比较优为论 42

沉

沉没成本 20

流

流量 54, 64

消

消费者 60
消费者剩余 73

物

物品 15
物品性质 84

独

独立品 59, 89

生

生产 143
生产函数 144
生产性 39
生产技术 66
生产投入价格 66
生产者剩余 74
生產可能曲線 21

相

相关物品的价格 59
相对价格 124

看

看不见的手 38

短

短期 145

短期生产函数 145

科

科布—道格拉斯生产函数 152

稀

稀缺性的法则 16

竞

竞争商品差异 211

等

等成本曲线 154
等量曲线 148

管

管理价格 224

纯

纯社会收益 75

经

经济人 18
经济介入 41
经济原则 17
经济学 31
经济效率 17
经济物品 15
经济的成本 163
经济问题 16

自

自然垄断 199
自由市场机构 54
自由放任主义 41

范

范围经济 172

菲

菲利普斯曲线 40

複

複占 220

规

规模的报酬不变 171
规模的报酬递减 171
规模的报酬递增 171
规模经济 199

财

财产 61

购

购买力 55

资

资本主义 23

边

边际产量 145
边际企业 192
边际成本 36, 167
边际成本价格制度 205
边际技术替代率 148
边际技术替代率递减定理 149
边际收入 181
边际收益 36, 56, 193
边际效用 114
边际效用递减定理 114

边际替代率 120

进

进入效果 65
进入障碍 180, 199

通

通货学派 45
通货膨胀 39
通货量 40

邻

邻近贫困化政策 41

重

重农主义 41
重商主义 40
重金主义 41

长

长期 145
长期均衡 192, 203
长期成本函数 169
长期生产函数 147
长期调整 191

闲

闲置设备 215

阻

阻止进口价格 224

需

需求 55
需求·供给定理 70
需求价格弹性 82
需求函数 62
需求变化的因素 59
需求定理 57
需求收入弹性 87
需求曲线 55, 56
需求的交叉弹性 88
需求的点弹性 83
需求表 55
需求量 54, 55
需求量变化 58

非

非价格竞争 180
非弹性的 82

预

预算线 123

저자 **홍 승 표** (hongsp@chungwoon.ac.kr)

- 서울대학교 경제학석사
- 서울대학교 경제학박사
- 통신개발연구원 연구위원
- 삼성금융연구소 선임연구위원
- 청운대학교 인천캠퍼스 경영학과 교수

현, 청운대학교 인천캠퍼스 경영대학 경영학과 교수

미시경제학

지 은 이 · 홍 승 표
펴 낸 이 · 최 재 범
펴 낸 곳 · 도서출판 탐진

등록 1-996호(倫). 1990. 1. 12.
서울시 마포구 신수로 27-1
Tel. 715-1092 ~ 3 / Fax. 701-6391
E-mail. tamjin1990@hanmail.net / Homepage. www.tamjin.co.kr

저자와의 협의하에 인지를 생략함

2023. 1.16. 초 판 발행

ISBN 978-89-5540-696-2 93320 정가 25,000원